潏水明珠洒河桥

马 振◎主编

白山出版社

图书在版编目（CIP）数据

滦水明珠洒河桥 / 马振主编． -- 沈阳：白山出版社，2016

（2015 白山黑水文丛．第 1 辑）

ISBN　978-7-5529-1609-6

Ⅰ．①滦… Ⅱ．①马… Ⅲ．①乡镇 – 地方史 – 迁西县 Ⅳ．① K292.25

中国版本图书馆 CIP 数据核字（2016）第 064082 号

出版发行：白山出版社

地　　址：沈阳市沈河区二纬路 23 号

邮　　编：110013

发行电话：024-28865938

发行信箱：1694556330@qq.com

责任编辑：林向阳

装帧设计：张骞月

责任校对：李国宽

印　　刷：石家庄市育东印刷厂

成品尺寸：145mm×210mm

印　　张：8.5625

字　　数：230 千字

版　　次：2016 年 5 月第 1 版

印　　次：2016 年 5 月第 1 次印刷

书　　号：ISBN 978-7-5529-1609-6

定　　价：298.00 元（全 10 册）

序

　　洒河桥镇位于河北省迁西县城北 22 公里，处于滦河中段，东临滦阳镇，西临三屯营镇，扼水陆交通要道，向为商贸重镇，素有"拉不败的洒河桥"之称。新中国成立尤其是改革开放以来，洒河桥镇经济社会各项事业飞速发展，已跻身全国名镇行列，不愧为"滦水明珠"。

　　洒河桥镇历史久远，考古资料显示，7000 多年前，滦河流域迁西段便有人类居住，至汉唐时，大量先民定居于洒河桥一带渔猎稼穑，繁衍生息至今。这是一块风水宝地，人杰地灵，经济文化繁昌。作为北方重镇，关里关外贸易集散地，明清时这里便商贸货殖繁兴，烧锅店铺林立，名声远播；洒河桥人文翰华齐昌，有卢龙古塞、嘉庆滩、皇陵、铁桩崖、三义庙、白塔等古迹及其传说，亦有塞上海、大沟山水人家、勇跃垂钓园等新景图画；更有赵弘赵炳父子忠烈、大学者李安宅、抗日兵妈妈吴凯素、军旅作家张凤雏、洒河桥供销社背篓精神团队等人物和事迹。作为洒河桥人，我们为家乡感到骄傲自豪。

　　洒河桥镇资源丰富，产业齐全。全镇板栗种植面积达 9 万亩，有板栗树 8000 多万株，是"京东板栗"主产区之一，年产优质板栗 166 万吨，畅销国内外市场。镇域内铁矿资源储量丰富，多家规模化采掘企业、选矿企业走上标准化生产。全镇已形成冶金矿山、机械制造、食品加工、饲料加工、商贸流通、中药材种植加工、剪纸文化、旅游服务等多种产业，经济发展后劲十足。

　　近年来，镇党委、政府深入贯彻县委、县政府全面实现滦河时代总战略目标，加快调整产业结构，促进了经济又好又快发

展。2014年，全镇完成固定资产投资11.25亿元，国民生产总值38.81亿元，人均生活水平12539元。2015年以来，全镇以项目建设为抓手，大力开展招商引资。满兆矿业40万吨铁选厂项目稳步推进，中草药种植面积不断扩大，筹建了栗乡饮片厂；促成了栗神生物和天津天士力集团的对接，栗花提取物新产品的研发迈出了新的一步；引进了山西岭翔牧业，潘大饲料畜禽饲料生产线投入生产；大东峪"山里老家"农事体验游项目，已与天津房车俱乐部、唐山硕东集团、中国社科院老干部局达成合作意向；与张家口宏宇剪纸公司合作，初步开发画境栗乡、栗乡风情、长城抗战、剪纸发展史四大系列产品，欲将小窗花做成大产业。

如今，洒河桥镇投资环境日臻完善，商贸服务辐射周边乡镇乃至兴隆、宽诚等地。镇内有宾馆多家，其中准四星级一家，特色餐饮几十家。不断加快小城镇建设和基础设施完善，先后投资1亿多元，完成了新洒河中学建设，东环路建设，烈马峪、赵庄子、道马寨等新农村改造建设，在乡镇率先实现集中供暖、供水，规范街道门店设计，洒河桥镇已成为迁西的一道亮丽风景。

盛世修志是中国优秀文化的传统。处在新世纪新发展阶段的我们有责任为后人留下一部系统的、翔实的地方史料，从而为现在和将来的各项事业提供借鉴，为爱国爱乡教育提供乡土教材，为外地乡亲了解故里、为各界朋友了解洒河桥提供信息。为此洒河桥镇党委政府聘请文化学者编辑史料，联络县内外专家学者历经三年修志，今天终于得以成书。作为洒河桥镇的一位成员，通过此书全面了解自己深爱的家乡沧桑而光荣的历史，我们甚感欣慰。相信还会有更多的人和我们一样，将从此书中，获得有用的信息甚至是教益。

党的十八大胜利召开，提出了全面建成小康社会的宏伟目标，十八届五中全会更是明确了改革发展的新思路，也为洒河桥镇经济社会发展提供了新的前进方向，洒河桥镇党委、政府更加信心百倍，在县委、县政府的正确领导下，紧紧抓住创新发展的有利契机，充分发挥洒河桥的区位优势，以更加饱满的工作热情，努力把洒河桥镇建成"镇强、城美、宜居、民富"的美丽乡村。

借此机会，谨向付出艰辛劳动的全体编写人员致以敬意和衷心的感谢。

洒河桥镇的明天一定更加美好！

是为序。

洒河桥镇党委书记：王立新

洒河桥镇人民政府镇长：王立军

2016 年 5 月

洒河桥赋

◎马　振

　　洒河桥,西邻三屯古镇,背靠滦河之险,乃东出西进"桥头堡",宽兴迁遵"咽喉地"。漖河¹滦河交汇入海,北建邦宽连贯东西,水陆交通互补,南北文化辉映,满汉中原兼收并蓄。精细处似江南丝竹晓风残月,豪放时如铜板琵琶大江东去。

　　洒河之美兮,历史悠长,雄厚凝重。光阴荏苒,历经汉唐明清,沧桑古镇,依旧三月春风。卢龙古塞²,已成塞上新湖,辉映长城耀韵影;嘉庆御滩³,依然芳草萋萋,竟成下池新景;烟筒青山,蕴藏宝藏,铁桩崖石壁耸立,王彦章渡口遗迹尚存⁴;青青松岭,远筑东营⁵,永乐驻军已难寻。

　　洒河之美兮,山水人文,华章纷呈。龙鱼渊薮,山水与物华相济,雅韵流徽,人文偕翰华齐昌。玉露瀼瀼,润泽万千,不尽传奇传说;浩气绵长,造化弄人,无数风流竞胜。皇陵无陵,奈何嘉庆乐游而忘诺言⁶;烈马峪、道马寨⁷,康熙猎马竟也失蹄;"大活山"——大河山⁸,十全乾隆亦曾走眼;三十二壳愣有三十二房旧址⁹,昔人避敌间或休闲;白塔寨已无白塔¹⁰,传奇传说引人往;将军墓亦无坟冢,哪位将军独具慧眼¹¹;"柴禾市"——北团汀¹²,僻远山乡交易曾繁华;"庵子峪"——安家峪¹³,修道修好终究是福。元代赵弘赵炳,父子忠臣良相;民族学家李安宅,奉献社会与藏学;张进、张国泽搞科研,核能工业立功勋;军旅作家张凤雏,著书立说有佳讯;背篓精神洒河社,全国学习好榜样。更有那柔情铁骨,贤良奋发谱新曲,抗日英模吴凯素¹⁴,舍生忘我为革命;民间艺人舞花灯¹⁵,百年传承有伟名。钩沉百代,遍数俊彦,水为魂,铸就左岸文明；往事千年，古道漫漫，山为骨，彪炳竹简写汉青。

洒河之美兮，沧桑巨变，捷报更传。天地玄黄，历尽朝霞暮雨；改革又兴，潮起石破天惊。自古北方重镇，关里关外贸易集散地，一六大集繁昌[16]。矿业开发，机器轰响，车轮滚滚金万两。冀潘象棋[17]，制作精良，行销全国市场。中心镇上，惠风和畅，店铺林立，亦农亦商，五谷丰登，六畜兴旺。板栗、粮食、副食加工，土特产勇闯市场；民声广场，和谐气象，政通人和，鸟语花香；锦绣小区，舒适宜居，灿烂前程，奏响时代乐章。

腾跃生聚，壮志慨当以慷；跃马扬鞭，征程依然漫长。党政携手，运筹久长，共创和谐洒河；干群齐心，布云播雨，通力再铸辉煌。看今日之洒河，前途云帆直挂，万马千军，前进号角鸣响。明日洒河，伟业与日俱增，乾坤和谐安康，幸福地久天长。

壬辰仲春作于北山书屋

注释：

1. 洒河，原名澈河。《永平府志》载，"澈河，一名强河，以波涛汹涌也。"每到雨季，河水散溢，冲毁房屋禾苗，于是"水"和"散"字组成"洒"字，用来表示澈河水势凶狂之意。《新华字典》对"澈"字的解释为：澈，古水名，澈河桥，地名，在今河北省迁西县境内。现习惯简写成洒河。"洒河桥"名称最早源于"澈河"上的石桥，1978年前澈河行政地名均使用"澈"字，1978年第二批简化字使用时，将"澈"字改为"洒"字，沿用至今。因为镇、村的行政名称已定，故凡本书中涉及与之相关的镇、村名称一律用"洒"字，涉及河流时，一律用"澈"字。

2. 潘家口，为长城上的关口，古称卢龙塞，汉李广、曹操都曾到过这里，修水库后，这里已是塞上新湖。

3. 清嘉庆帝顺滦河捕鱼，曾到过滦河洒河段马蹄峪附近，在河中一小岛处休息，传说此后无论旱涝，小岛总不会湮没，后人称之为嘉庆滩。

4. 洒河滦河大桥西，有烟筒山，山下有铁桩崖，古时有渡口，传说后梁大将王彦章在此摆渡，还有王彦章力敌李存勖的传说。

5. 东营过去属松岭乡，松岭乡于1997年撤销，明永乐年间，皇帝曾派大臣在东营筑城，因连年发水，三年未成。因此地与滦河西岸的小西营相对，故称东营。

6. 清嘉庆帝沿滦河逆流而上打鱼，到潘家口不远的地方，口渴难耐，到村中找水，见崔家姑娘长得标志，便宿于村中，许诺日后迎进宫中，后来皇帝回京忘了此事。崔家姑娘天天想，夜夜盼，也没有等来皇帝，日久成疾，抑郁而死，地方官奏报皇帝，皇帝内疚自己一句话毁了姑娘一生，为表怀念，下旨按娘娘厚礼安葬，后因战乱，陵没有修成，但皇陵的名儿却传出去了，这个小山村就叫"皇陵"了。

7. 传说康熙打猎时一匹烈马跑到小山村，后来遂取名为烈马峪，后来这匹烈马病倒在洒河桥西南一个小村子，后来此村取名为倒马寨，因嫌"倒"字不好听，后改"倒"为"道"。

8. 清朝乾隆皇帝坐帆船顺滦河游玩，至该村不远处，见前面群山象在移动，就说："此山似大活山"。后借此改村名为大活山，后叫成大河山。

9. 三十二壳愣山，又名三十二窟。北临潘家口。传说昔人在此避敌，山中存有三十二个房壳愣，故名。

10. 白塔寨，东临滦河，原取名为临滦寨，传说为了镇妖，明朝在山上修了一座白塔，借此该村名为白塔寨。

11. 在洒河镇西南有一座海拔323米的小山，面积约2平方公里，传说山上有古代将军墓。

12. 北团汀自然村，紧靠滦河沿岸，旧时村民靠打柴为生，顺滦河用船运输，在此形成小柴禾交易市场，遂取名为柴禾市，因与南团汀隔河相望，后改名为北团汀。

13. 安家峪，明初建村。传说有个尼姑出嫁到此，当地人为她修了一座庵，随借此取村名为庵子峪，后写成安家峪。

14. 吴凯素，女，迁西南团汀村人，生于书香门第，后嫁到东营村。日本占领华北后，吴凯素积极支持抗战，宣传发动妇女为支前过了大量工作，她的家成了八路军的休养所和补给地，她把最好的粮食留给八路军，把屋子留给伤病战士住，90多位伤员受过她的护理，1945年，冀热辽军区在三屯营召开群英大会，表彰抗日有功人员，吴凯素参加了大会，被授予"冀热辽拥军模范"，1951年，吴凯素应邀赴北京参加国庆观礼，在怀仁堂盛大招待会上，荣幸地见到毛泽东、刘少奇、周恩来等党和国家领导人。

15. 花灯舞，俗称"跑花灯"，多在夜间表演，以带柄的荷花灯为道具，表演时手持花灯出演，不需化妆。表演分"过街"和"过场子"，伴以乐器。1958年，洒河桥花灯舞曾参加河北省民间舞蹈调演，获优秀奖。

16. 洒河桥农历逢一、六为大集，旧时陆路水路交通就便捷，为宽城、遵化、兴隆等地商品集散地。民国年间，洒河桥有当铺、烧锅、粮店、店铺、酒馆等大小买卖近200多家，其中以源发、源茂、永顺昌、玉顺昌等最为兴盛。客商遍及兴隆、宝坻、平泉、宽城、玉田、北京等十几个县市。

17. 迁西县象棋公司（洒河桥村办企业）生产的冀潘牌象棋，有7种，13类。采用本地牛筋、苦柳等硬质杂木，经旋床加工、剖光、着色、打字等工序制成。以其质地坚硬、字体清秀美观、外观朴素大方深受用户喜爱。畅销全国，部分出口。1986年获得中国乡镇企业出口商品展览会荣誉证书。

目　录

七、旅游景点

八、往事回眸

九、英才辈出

一、镇域概况与历史沿革

洒河桥镇概况

洒河桥镇位于河北省迁西县县城北部22公里处，建镇历史悠久，明清两代已为商贸重镇，是冀东地区最大的集镇之一，素有"拉不败的洒河桥"之称。境内有国家级水利工程风景区潘家口水库，毗邻国家级4A级风景区景忠山、喜峰口长城抗战纪念地——喜峰雄关大刀园，是迁西经济、文化重镇之一。全镇辖26个村民委员会，1个居委会，41个自然村。全镇面积79平方公里，4600户，18000人口，有少数蒙古族、回族、满族等少数民族居住。

洒河桥镇有着得天独厚的区位优势，交通、通讯发达。北与宽城、青龙相连，西与遵化、兴隆相连。有邦宽、北建公路通过，并有在建的唐承铁路贯穿。镇内各村乡村道路四通八达，交通网络纵横交错，与京、津、唐、承交通都十分便捷。

洒河桥文明历史久远，北部有明代长城遗址，有水下长城奇观，有三义庙遗址，有滦河古渡铁桩崖等多处古迹；历史典故、传说丰富，留下了许多古代诗词、碑刻铭记。

洒河桥镇资源丰富，产业齐全。全镇板栗种植面积达9万亩，是"京东板栗"主产区之一，年产优质板栗166万吨，畅销国内外市场。镇域内铁矿资源储量丰富，多家规模化采掘企业、选矿企业走上标准化生产。全镇已形成冶金矿山、机械制造、食品加工、商贸流通、旅游服务等6大产业，经济发展后劲十足。

洒河桥镇投资环境日臻完善，商贸业、矿业开发、机械制造等发展迅猛，镇内商场超市、店铺林立，电器、服装、餐饮、娱乐等

店铺鳞次栉比，各种商品琳琅满目，商贸服务辐射周边乡镇乃至兴隆、宽城等地。镇内有各种宾馆多家，其中准四星级一家，特色餐饮几十家。近年来，镇党委、政府围绕调整产业结构，促进经济又好又快发展工作重点，不断加强项目建设，加快小城镇发展，促进旅游业升级。先后投资1亿多元，完成了新洒河中学建设，东环路建设、烈马峪、赵庄子、道马寨等新农村改造建设，在乡镇率先实现集中供暖、供水，规范街道门店设计，洒河镇已成为迁西的一道亮丽风景。2014年7月21日，洒河桥镇被国家住房建设部、发展改革委员会、财政部、民政部、农业部、国土资源部、科学技术部等7部委命名为全国重点镇。

　　党的十八大胜利召开，提出了全面建成小康社会的宏伟目标，也为洒河桥镇经济社会发展提供了新的前进方向，洒河桥镇党委、政府更加信心百倍，在县委、县政府的正确领导下，紧紧抓住"打造国家级重点乡镇"这个工作重点，充分发挥洒河桥的区位优势，以更加饱满的工作热情，努力把洒河桥镇建成成"镇强、城美、宜居、民富"的美丽乡村。（马振　撰稿）

洒河桥镇人民政府（马振　摄）

历史渊源与行政沿革

洒河桥镇为迁西管辖，因此要了解洒河桥的历史沿革，就必须首先大略了解一下迁西的历史沿革。

迁西始建于 1946 年，因析迁安县西部置县而得名。建县虽短，但这片土地历史悠久。从西寨、东寨、沙岭子、长岭峰等古遗址的出土文物证明，远在六七千年前的新石器时代，滦河两岸就有人口居住，繁衍生息。

商周时期，这里属孤竹国。都城在今卢龙县城南 6 公里处。

春秋时，这里属山戎令支国。都城在今迁安县城西。战国时，令支属地归燕国。

秦朝时，属辽西郡令支县。

西汉、东汉时，今境内大部属幽州辽西郡令支县。西北部的汉儿庄一代属幽州右北平郡徐无县（县城在今遵化县城东）

三国时，今迁西属魏国幽州辽西郡令支县。西北部仍属幽州右北平郡徐无县

西晋初，今境没于鲜卑族。右北平郡改北平郡。

北魏太平真君七年（446 年）令支县并入阳乐县（县城在今抚宁县），属平洲辽西郡。今境西北部改属幽州渔阳郡徐无县。

北齐时，阳乐县归入北平郡肥如县（县城在今卢龙县）

隋朝开皇六年（568 年），肥如县归入新昌县（县城在今卢龙县）。十八年（598 年），改新昌县为卢龙县，仍属北平郡。

唐代属河北道平州卢龙县。

五代十国时，为契丹国（公元 947 年改国号为辽）地。后为辽国地。辽国与北宋对峙，经常抢掠北宋的金帛人口。辽天赞二年（923 年），辽国把从定州安喜县（今定县）俘获的人口安置在今迁安、迁西一带，建安喜县（县城在今迁安县城东 20 公里处），属南京道平州。

辽曾在今滦阳置滦河县，属中京道泽州。金初，废滦河县入神山县（今平泉）。

金大定七年（1167年），改安喜县为迁安县，属中都路平州。金承安二年（1197年），在今汉儿庄置滦阳县，属北平路大定府。泰和四年（1204年）废入神山县。

元世祖二年（1265年），省迁安县入卢龙县。后又复置迁安县，今境南半部属中书省永平路迁安县。元初，在今汉儿庄置惠州，属辽宁行省大宁路。

明洪武初，废惠州入迁安县，属京师永平府。不久长城以北地区被少数民族占领。

清朝，迁安县属直隶省永平府。

1912年，中华民国成立，民国二年（1913年），迁安县属直隶省渤海道，次年渤海道改为津海道。1928年直隶省改河北省。

1933年日本侵略军进关，迁安县沦为日伪统治区。1935年，汉奸殷汝耕在通县建立了冀东22县"冀东防共自治政府"，迁安县属之。

抗日战争爆发后，迁安县为晋察冀表去根据地一部分。1939年10月，建丰（润）滦（县）迁（安）联合县，辖今迁西县滦河以南地区，1942年5月改为"迁滦丰"联合县。1940年建迁（安）遵（化）兴（隆）联合县，辖境东至建昌营、西至遵化城，南至滦河，北至柴白河。1941年从迁遵兴联合县划出滦河以东地区，建迁（安）青（龙）平（泉）联合县。1943年7月至1944年2月，撤销迁遵兴联合县，滦河以西地区至遵化城东地区建承（德）青（龙）遵（化）联合县，1944年2月至10月，迁青平、承青遵两个联合县合并，改建迁（安）卢（龙）青（龙）联合县，滦河以西属遵化县。1945年1月，将滦河以北地区从迁卢青划出，重建迁青平县，属冀热辽区第十五专区。

1946年初，撤销抗日联合县，在今迁西县境内建迁西办事处，辖境与今同。5月至9月，迁西办事处并入迁安县。9月，原迁西办事处 7 个区从迁安县划出建迁西佐公署,属冀东十二专区。

1947 年土地改革时,正式建立迁西县,属唐山专区。全县分为东荒峪、太平寨、上营、洒河桥、三屯营、兴城、新集 7 个区。

1958 年 12 月,迁西县撤销,将滦河以东地区并入迁安县,将滦河以西地区并入遵化县。

1961 年 7 月,复置迁西县,仍属唐山专区。

1970 年,唐山专区改称唐山地区,迁西县仍属之。

1983 年 5 月 5 日,唐山地区撤销,迁西县改属唐山市。

洒河桥的历史与迁西的古今变迁史吻合之处,大体相同。1947 年,设迁西县时,洒河桥划入第 4 区。1953 年建洒河桥乡。1956 年撤区并乡保留洒河桥乡,区域扩大。1958 年 10 月为钢铁(洒河桥)公社洒河桥大队,同年 12 月随公社并入遵化县,改称洒河桥管理区。1961 年 6 月复归迁西县,建洒河桥公社。因修大黑汀水库,1979 年原东营公社、南团汀公社撤销,其所属松岭、东营、长河峪、大河山、东峪、北团汀等大队划入。1984 年 3 月公社改乡,所属生产大队改村民委员会。同年建松岭乡,将滦河东松岭、东营、长河峪、大河山、东峪、北团汀等村划归松岭乡。1985 年 5 月改乡为镇。1996 年,乡镇改革,松岭乡又并入洒河桥镇。现今,洒河桥镇有 26 个村民委员会和 1 个居委会,41 个自然村。26 个行政村为大沟、冬桃园、西桃园、皇陵、北马蹄峪、大关庄、小韦庄、北赵庄、烈马峪、道马寨、牛店子、大东峪、安家峪、白塔寨、车道峪、大红峪、黄沟峪、洒河桥一村、二村、三村、松岭、东营、长河峪、大河山、东峪、北团汀。

1975年修建的洒河滦河大桥（马振　摄）

二、经济贸易与社会建设

洒河桥商业史

李士民　薛　志

洒河桥位于迁西县城西北 22 公里处烟囱山脚下。这里地势平坦，西、北、东三面分别与遵化、兴隆、宽城、青龙四县交界。洒河桥镇东西一条大街，宽 18 米，长 1500 米，帮（均）宽（城）公路穿街而过，澎河从村北向东流入滦河，遵（化）潘（家口）铁路自西向东北通过，为历代军事、政治、经济、文化的中心要镇。

明代初期，洪武年间（1368—1398 年），白氏、张氏等三家从山东逃荒至此，于洒河南岸定居。因位于滦河码头西岸，水陆交通方便，来往客商都在此食宿，故开一小店，取村名为"洒河店"。后来洒河店人共同集资，于村北洒河上修建一座宽五尺、长两丈的石桥，桥头刻有"澎河桥"字样，后来将村名改为澎河桥。此桥在清光绪二十一年（1896 年）被洪水冲毁，至今只剩其名，已无此桥。

洒河桥原是个几十户的小村，清代天聪四年（1630 年），集市建在距洒河桥以北 7 公里处汉儿庄村。由于地形狭窄，只靠澎河不通滦河，商船搁浅，交通不便。清代咸丰六年（1856 年），汉儿庄村原有山东人开办的烧锅，连同山西、陕西和当地几个小商号一并迁到洒河桥以南的滦河西岸，建成一条东西大街，从而形成了农村贸易购销集散中心，是来自各地商贸交易聚居的要镇，已有悠久历史。当时洒河桥镇属于永平府迁安县管辖。清代光绪九年（1883 年）一场洪水，使洒河桥所有商号遭受一次灾害；光绪二十一年（1896

年）又一场水灾，使洒河桥镇变成一片汪洋，沙石遍地，所有店铺全部因受灾而倒闭。

1897 年，洒河桥镇在原来地址的西部高地上进行重建。不久，山西、天津、滦州（滦县）北部和南部的几个大商贾，纷纷搬到洒河桥建烧锅，立字号，发展商业，开辟市场。首先，山西商人在村北建起了"涌泉昌"烧锅和"永合栈"粮店。松岭的李少青、尹庄的尹家、钓水院的薛家，在村东合股开办了"永兴昌"烧锅，三屯营人在村西建起了"源隆永"烧锅，松岭的李老玉在村中建起了"德源长"烧锅，清宣统年间，又在"德源长"附近建成了"源远昌"烧锅，很快就形成了东西 2 华里、宽 10 米的一条大街和南北交叉的一条副街，构成一个"丁"字形街市，对发展洒河桥商业起了一定促进作用，为民国年间洒河桥商业的兴盛奠定了基础。

由于清末五大烧锅的兴建，街道的形成和洒河桥所处的地理条件，使更多的商人慕名而至，投资、入股、开辟新业，很快就形成了经济活动中心，成为冀东地区最大的集镇之一，素有"拉不败的洒河桥"之称。

民国前夕，1911 年，天津人在洒河桥开办"双华永"生麻铺，主要是秋天收购板栗运往天津口岸。滦州（滦县）人又在此开设了"永祥南号"和"永祥北号"粮店。另外还有"通盛德"粮布铺、"福义德"粮铺、"德隆店"、"达仁堂"药铺、"德兴合"杂货铺、"聚兴合"粮布铺等，洒河桥镇的大小商号和小商贩由清末的 17 家发展到 64 家。

民国 11 年（1922 年），直奉战争开始，奉军所到之处肆无忌惮地大肆抢掠商号银元和贵重财物，并把不能带走的商品扔满街头，任意糟蹋。如"永祥北号"粮铺所存的四大箱银元被抢劫一空，和"源远昌"一道同遭破产。"荣发号"日用品店的掌柜吴老玉被活活打死。其他买卖关门的关门，倒闭的倒闭，洒河桥的商业受到一场严重的浩劫。

民国 12 年（1923 年），直奉战争结束，洒河桥的商业也逐渐走向恢复和发展。喜峰口的石荣武开设了"德顺隆"杂货铺，黄瓜川的张如增开设了"吉庆成"粮店和"吉兴成"绸缎庄等，大小商号又增加到 30 多个。

民国 21 年（1932 年），据迁安县志记载，洒河桥最大的商号八家，有"涌泉昌"、"永兴昌"、"源隆永"、"德源长"、"源远昌"、"永合栈"、"德顺隆"、"吉庆成"。大小买卖共十多家，从业人员 1,000 多人。1932 年以后，是洒河桥商业发展的黄金时期，经营范围及销路非常广泛，北至内蒙古、热河、兴隆、八沟（现平泉）、车河口、西洒河、黑河套，西至京西和遵化等地，东至宽城、青龙一带大部分地区。洒河桥大小坐商和摊贩之多，水旱码头货物吞吐量之大，销路之广，前所未有，呈现出一片生意兴隆景象。

从市场贸易情况看，码头上，河岸边，大摆渡横行，东西码头之间，接送过往行人车辆、粮船、商船、客船、鱼船、木筏，往来不断。人来船往，车水马龙，川流不息。到集日，小商贩摆满了二华里长的一条街，如杂货布匹、鱼肉米面、瓜果蔬菜、农副产品、锄镰镐杖、日用杂品应有尽有。由 1923 年至 1935 年，在这 12 年中是洒河桥镇商业最繁荣昌盛的时期。当时对开展城乡物流交流，活跃市场，满足人民生活、生产需要，起到了一定作用。

1935 年，日本帝国主义发动了侵华战争。不久，东北沦陷，侵略者的铁蹄踏进了中原，中华民族进入了危亡关头，洒河桥人民也同样遭到日寇的蹂躏和摧残。洒河桥一带是革命根据地，日本鬼子在这里到处修炮楼，建据点，进行经济封锁，使洒河桥的商业逐渐萧条。在困难情况下，"永合当铺"搬到唐山。"涌泉昌"、"源远昌""裕顺兴"等，由 1942 年到 1944 年前后全部倒闭。罗家屯东辛庄何盈洲开的"大兴泉"（前身德源长）改为烟酒专卖，时间不长，于 1945 年也随之倒闭。

大商号只剩下"德顺隆"、"永顺隆"、"永合栈"粮店、黄瓜川的"吉庆成"粮店、"吉兴成"绸缎庄等五家。每家都有从业人员十几名到二十几名，仅"吉兴成"绸缎庄资本折合现在人民币即达

几十万元。"德顺隆"当时资本折合人民币有20多万元。他们五个商号和遵化等地大商号之间互相联系，进行批空倒把，囤积粮食，共同操纵垄断着洒河桥整个市场。

此外，小商号有赵福臣、赵云龙合开的"隆聚兴"，王子林开的"德茂祥"小五金店，李雨升开的"永德成"皮麻铺，此外还有"义记"绸缎庄、上庄"染坊"、"大生堂"药店等，这几家小型商号生意萧条，暂时维持从业人员的生活而已。

从抗日时期洒河桥商业历史阶段来看，1923年至1935年的12年中，洒河桥商业为兴旺时期，当时有大小商号和商贩十多户；1936年至1941年为瘫痪时期，1942年至1945年由瘫痪走向倒闭。1945年大小商号和商贩只剩36户，其中31户已濒于倒闭。

1945年日本投降后，获得解放的洒河桥人民欢欣鼓舞，积极发展生产，建设国家，盼望过着没有剥削没有压迫的好日子，但是丧心病狂的国民党反动派，却与人民为敌，挑起内战，大量集结兵力，在京、津、唐铁路沿线和沿海一带，妄图作垂死的挣扎，大举进攻我解放区。国民党曾多次向迁、遵、兴一带进行大规模围剿，搜刮民财，无恶不作，给洒河桥人民带来了贫困和灾难。当时，洒河桥商业多数倒闭，所剩无几。凋零寂静的街道上既听不到小贩的叫卖又看不见装满货物的车船，店铺门庭冷落，过往行人稀少，只有杂货店间断地接待一些用鸡蛋换购食盐、煤油、火柴、毛纸的顾客，店主以此做些小生意来糊口。为了躲避国民党反动派飞机的轰炸，每到集日农民贸易只可在村外树林中开夜市。到1949年洒河桥仅有杂货店4个，小杂货铺8个，小商贩7户（据迁西档案馆资料）。

党和政府为了在解放区发动生产救灾，提高人民生活水平，平抑物价，搞好军供，大力保护和扶植工商业活跃市场，满足人们生活、生产购销需要，于1943年在洒河桥"源远昌"旧址建立了国营商店，化名"源丰号"。该店主要任务是：（1）发动生产救灾，除协助政府发放救灾粮、救灾款以外，还组织群众纺线织布，发动群众开展生产自救。（2）在青黄不接的季节，市场粮价上涨时，该店为了平抑物价，由国家仓库调拨粮食，投入市场，低价出售。对困难户进行无利贷粮，秋后归还。（3）准备军供物资，由唐山（当时是敌占区）购进棉布、花生油、食盐、工业品；由东北购进粮食。为了防止敌人破坏，全部埋藏在大关庄、李家窝子两个村进行坚壁。在1947年大军进关时，圆满地完成了部队军需的供给任务。（4）该店所购进的工业品和生活必需品，只向私营商业批发，不设立零售门市，以扶植私营商业为主，活跃市场，满足群众购销需要。

1948年6月，由洒河桥区委书记赵志华主持，由各村集资入股，在原来"德顺隆"的旧址上建立了"迁西县第四区联社"，简称"区联社"。区联社是群众集体组织的商业，属于民办官助性质，此机构归四区区公所领导，"源丰号"负责业务指导和商品供应，并选拔染房工人共产党员高仲卿为经理，职工8人。每人除每月发30斤小米入伙外，没有工资和福利待遇。区联社共有股金4,210元，银行贷款8,000元，经营大布、土布、食盐、煤油、火柴等87种商品，兼营收购粮食和小量农副产品。区联社成立一年零五个月，经营额为72,500元，获利2,300元，其中80%提留公积金，20%作为社员分红。

国营商业"源丰号"的建立和通过扶植遗存下来的私营商号以及集体商业"区联社"的组成，使洒河桥商业由冷落趋向繁荣。1947年全力开展生产自救，人民生活逐渐好转，购买力随之提高，各商号货源充裕，品种齐全，基本满足了人民生活、生产需要。在保护工商业政策的指引下，市场面貌焕然一新。老人们走上街头喜笑颜开，纷纷谈论"还是党的政策好"，拉不败的洒河桥又名符其实了。

全国解放以后，在党的领导下，没收了官僚资本，进行了土地改革。为了引导农民走合作化道路，促进手工业和资本主义工商业的社会主义改造，支援国家工业化，党和政府在全国农村积极开展了组织合作社的工作，用合作这种形式改造农村经济。1949年春季按照冀东行署指示，将迁西县国营商店"福兴号"（原是冀东贸易公司十二专署"益民总店"下设的机构）改为"迁西县供销合作总社"，洒河桥国营商店"源丰号"改为"迁西县合作总社洒河桥支社"，简称为"县支社"。为了大力发展农村供销合作组织，按上级规定首先以区建设的精神，于1949年11月1日，正式成立了"迁西县洒河桥供销合作社"，从此，洒河人民有了民办的供销合作商业组织。

（选自1995年12月编印的迁西县文史资料第3辑《古塞撷丛》。撰稿人李士民、薛志为迁西县洒河供销社退休干部。）

洒河供销社门市部旧址（马振　摄）

洒河桥烧锅史

李士民　薛　志

　　洒河桥村东有一座山叫鸡冠山，山腰有一洞，从洞里点火，山顶冒烟，故又称"烟囱山"。据迁安县志记载："烟囱山下，滦河之滨，有巨石大如屋，平如砥，上插一铁桩，高五尺，围八寸，相传后梁（907—921年）王彦章系船于此。"王彦章在此摆渡，杀富济贫，占山为王，积攒了九缸十八锅银子，埋藏在烟囱山下。

　　1627年，清代天聪年间，洒河桥张氏从三道岩山上找到了一缸银子，为表达"天赐之恩"，遂用此银在山顶修了一座玉皇庙，又用剩下的一半银子开了一个酒烧锅，这就是洒河桥烧锅史上第一个大烧锅。

　　据传说，康熙卖字宿于烧锅门洞，烧锅主人张财主见其文才出众，遂聘为教师，后康熙登基，赐黄龙袍一件，立了下马牌坊，并赐金匾一块。可见此烧锅当时尚存，何时关闭，无从查考。

　　清咸丰六年（1856年），集市由汉儿庄迁于洒河桥，山西人在汉儿庄经营市设的大烧锅也一同迁来，建在洒河北岸、滦河西岸的大街上。清光绪二十一年（1896年）发大水，烧锅全部家当随水付之东流。

　　1897年，重建了洒河桥镇，山西人建起了第一家酒烧锅"涌泉昌"，地址座落在洒河桥镇的北山下。因为利用古刹"盛泉寺"花园中的泉水，酿制出来的酒，品位优良，清香适口，畅销京东各县市场，颇受贪杯好酒人的欢迎。由于洒河桥水旱两路交通方便，又招来了几家商人先后在洒河建起了四处烧锅，与"涌泉昌"搞起了竞争。

　　步"涌泉昌"后尘而来的有，三屯营人在街上开的"源隆永"，松岭李老玉在源隆永东边开的"德源长"，松岭李少清、尹庄的尹家、

滦水明珠洒河桥

钓水院的薛家合伙在街东开的"永兴昌"。清代宣统元年（1909年）又在街西开设了一家烧锅"源远昌"。五大烧锅林立，洒河桥形成酿酒集中生产区，对当时京东各县活跃市场起到了一定的作用。

洒河桥五大烧锅，共有流动资金折合人民币79,000多元。其中，"涌泉昌"有流动资金1.8万元；其他4个烧锅流动资金最多的是1.6万多元，最少的是1.4万多元。5个烧锅共有从业人员108名，其中"涌泉昌"从业人员26名。洒河桥的酒销路很广，西至京、津、京西地区，北至内蒙古、承德、平泉，东至宽城、青龙一带。遵化县城有"会合成"、"裕兴合"两大商号专门销售洒河酒。

"拉不败的洒河桥"，是旧社会来自群众的形容词，其一，是说洒河桥水旱码头车拉船载的繁荣景象；其二，是指洒河商业和酿造业的发达及商品吞吐量的惊人程度。那时京东四大集镇（洒河桥、林南仓、平安城、建昌营），洒河桥居于首位。

每个烧锅两天出一经酒（指烧酒袋料容器为经），每经出酒300斤，每年出酒4万多斤。5个烧锅年产酒27万多斤。

洒河桥酿酒原料全部采用红高粱。每斗红高粱出酒60斤。5个大烧锅每年吃进红高粱达30多万斤。这些原料的来源，除外地以粮购酒所换回的原料外，主要靠洒河、黑河套、滦河两岸的几家大粮户，如三道河高作中家，黄瓜岭子高理家，洪山口老王家，洒河北赵家。他们都是当地有名的富豪财主，每家有粮上百石，其中多数粮食均由洒河烧锅收购。

洒河桥烧锅每年趁秋季粮价下跌之机，大量囤积粮食，有的最高超出二三百石，不但准备了全年足够的原料，而且进行倒卖从中谋利。每到青黄不接的季节借粮价猛涨的时机，向贫困农民贷粮。按当时粮价计价规定月息三分，秋季粮价下跌，仍按原贷价款折成红粮数，还本付息交粮。其手段是：贷粮时提高粮价以粮折款，还贷时降低粮价以贷价数折粮，从中盘利。

民国二十一年以前是洒河桥商业最发达的时期，也是烧锅酿酒业最兴盛的时期。1935年以后，随着战争的爆发，日寇在冀东搞惨无人道的"三光"政策，人民处于水深火热之中，洒河的酿酒业也逐步走向萧条，"涌泉昌"、"源远昌"倒闭不久，1943年，"永兴昌"也随之关闭。"源隆兴"民国十三年转让给松岭村李老玉和洒河桥的赵家，改名为"裕顺兴"，于1945年也解伙散摊。以后，"德源长"的东家把烧锅转让给罗家屯的何盈洲，改名为"大兴泉"。这家烧锅经营时间不长，又改为烟酒专卖。后来由于日寇扫荡，民不聊生，加之驻地敌伪骚扰，仅维持到1945年，无奈被迫关闭。

洒河桥从清代咸丰年间开办烧锅以来，先后共建烧锅5家，历经89年。可分为三个阶段：1909年以前为发展建厂阶段；1935年以前的26年为酿酒业繁荣昌盛阶段；1935年至1940年为萧条阶段；1941年以后为逐渐倒闭阶段。由于日寇的摧残和蹂躏，到1945年洒河桥5个大烧锅彻底消亡。

1945年日本投降后，洒河桥成为解放区，国家对资本主义商业采取大力扶植和保护政策。为了继承洒河桥五大酿酒业传统，满足人民生活需要，在"源隆永"的旧址，将原设备作为两大股，吸收私人集资新办一处"隆盛泉"烧锅，由于遭受国民党还乡团的多次围剿、抢粮和飞机不断轰炸的威胁，加之自然灾害粮食减产，原料不足，因此在1947年停业。

（选自1995年12月编印的迁西县文史资料第3辑《古塞撷丛》。）

解放后以及改革开放以来经济社会建设的新成就

新中国成立后，洒河桥的经济发展不断进步，经历了从弱到强，不断壮大的过程。

洒河桥地处山区，位于滦河两岸，南、北多山，中间为东西走向的川地。土壤多为淋溶褐土、褐土性土、草甸褐土、风沙土。改革开放前，洒河桥镇的经济以农、林、工副业为主。有耕地6029亩，主要种植玉米、小麦、高粱、大豆、谷子、甘薯、花生等，年产粮214.6万公斤，种植业年收入315.2万元；有林地64758亩，主要有松树、板栗等,年产干鲜果73.3万公斤,其中板栗55.49万公斤,林业收入274.4万元;工副业有镇办、村办、个体办橡胶、象棋、木器、汽车队、饭店、旅馆等企业,年收入1224.1万元。全镇年总收入2525万元,人均生活水平867元。(以上为1990年代统计数字)

改革开放以来,尤其是近几年,洒河桥镇的经济发展突飞猛进,农业、工业、旅游等行业快速发展,经济总量在全县名列前茅,成为冀东名镇。

近年来,在县委、县政府和镇党委的正确领导下,洒河桥镇党员干部群众齐心协力,按照"开启滦河时代"的总体部署,洒河桥镇高扬"团结、求实、奋进、争先"主旋律,发挥优势,瞄准定位,强力推进(矿企强镇、商贸活镇、生态立镇、旅游兴镇)"四镇战略",稳步推进"十二五"发展进程,全镇实现了农村经济稳步推进,社会事业健康发展,农村社会长期稳定的良好态势。2013年,共完成固定资产投入8.5亿元、国民生产总值34.76亿元、人均生活水平11187元,完成年度任务计划。特别是在资源经济下滑,市场持续低靡的情况下,完成财政收入1.03亿元,公共财政收入4500万元;2014年,共完成固定资产投资11.25亿元,国民生产总值38.81亿元,人均生活水平12539元;在经济下行压力空前的情况下,完成公共财政预算收入4000余万元,强力支撑了经济社会的稳步发展。

一、镇域经济实力稳步提升

(一)钢铁产业规模不断壮大。投资5100万元建成众鑫、牛店子二选、金禄通、华越4家铁选厂并顺利投产;投资5000万元的满旺矿业20万吨矿选加工项目完工并正式生产。大力推进资源整合,采取政府引导、自主结合、市场化运作的方式,逐步将全镇22家矿山、18家铁选企业整合为友利、满兆、满旺、吉利和福珍全5大矿业集团,完成中小矿山整合12家,完善采矿证等手续8家,解决企业间矿山纠纷11件。河北友利钢铁投资2500万元完善了发电、脱硫等技改项目。

（二）农业龙头企业快速发展。引资1亿元建设占地30亩的潘大饲料项目正式建成投产，年产值达1.2亿元；投资3000万元完成栗神生物公司改造提升工程，已具备生产能力。

（三）生态产业效益稳步提升。板栗产业进一步做大做强，建成吉安、盛益隆等4家板栗合作社和天成食品有限公司、"栗神"生物有限公司2家。已形成农户生态生产→板栗合作社收储加工→龙头企业批发销售，一个完整畅通的板栗产业链；水产养殖业持续发展，形成环大黑汀水库9个网箱养鱼重点村，实现了户均2箱鱼产业规模。在河北潘大饲料有限公司引领下，正朝绿色生态养殖方向发展。

二、小城镇建设有声有色

近年来，洒河桥镇充分发挥区位、交通、生态和资源优势，强力推进"四镇战略"，稳步提升小城镇建设水平，先后荣获"省级重点镇"、"省级环境优美小城镇"、"国家级发展改革试点镇"、"国家级生态镇"等称号。

依托小城镇建设带动新民居建设发展，是洒河桥镇新农村建设的一个显著特色。几年来，该镇始终把小城镇建设放在重要位置来抓，投资5.8亿元新建了城西集中供热站、民声广场、建材城、老年公寓、新镇中、垃圾填埋场等一批基础设施与公共服务设施，城东集中供热站、污水处理厂也即将开工建设，这些都为城区各村新民居和幸福村建设奠定了坚实的基础。目前，城区赵庄子、洒二、牛店子均已建设了新民居，这些新民居不但便宜而且增值空间大，群众易接受，因此，建设积极性非常高。目前，洒三、道马寨都在积极申请新民居，同时，赵庄子又在着手和谋划建设新民居三期，洒二村的二期工程已完成内外装修，这些城中村新民居建设正逐步与小城镇建设中的商业房地产开发形成竞相发展的态势，并不断促进我镇小城镇建设健康发展。

洒河桥镇中学（马振　摄）

（一）道路建设水平明显改观。投资550万元完成城区主街路面翻新和南环路标识标线工程，并正式通车，彻底解决了城区交通拥挤的历史难题。

（二）基础设施不断完善。投资900万元完成城东集中供热站和南环路两侧绿化亮化工程；基本完成了沙河北岸步行街房屋拆迁和地树征占工作。投资500万元的城区中心幼儿园项目基本完成了前期准备工作。

（三）居住环境大幅提升。投资1亿元、建筑面积2万平方米的栗乡新民家园二期工程交付使用，可为400户个体工商户和城区居民提供优美住宅环境。

（四）城区商业配套服务项目不断健全。投资300万元完成了建材城硬化及管网工程，并正式投入使用，为洒河商业发展又注入了新活力。

民声广场（马振 摄）

三、新农村建设又添活力

该镇 2009—2013 年，先后建设了 9 个省级新民居示范村，总投资达 2 亿元，建筑面积达 10 万平方米；其中，仅 2011 年，就建设了牛店子、赵庄子、洒二、大沟、安家峪等 5 个省级新民居示范村。经过这三年建设，该镇探索出了"因村制宜、多元投入"的四个投资创建模式。一是"福利共享"创建模式。2009 年我们引导矿山较多的烈马峪村率先搞起新民居建设，集体投入 4000 万元无偿为村民建设了 4 万平方米住宅楼。二是"村企共赢"创建模式。2011 年为扶植满旺矿业桃树洼 20 万吨铁精粉生产加工项目，镇党委、政府决定将赵庄子村桃树洼村民整体搬迁，由满旺矿业投资 3000 万元为其建设新民居住宅楼。三是"合资共建"创建模式。2011 年，投资 5000 万元的南环路和沙河综合治理工程顺利完工，为提升群众居住水平，该镇将临近南环路的道马寨村纳入新民居建设规划，计划建设商住一体多层住宅楼，探索出村民出资建住宅、村集体将底商出租出售费用搞基础设施建设的新路子。该村目前正在进行规划设计。四是"自筹共管"创建模式。对集体较困难、无资金投入的村，洒二、牛店子等大多采取村民自筹资金，村集体统一筹建、协助管理的办法，其中较为典型的是大东峪新民居。该村已先后筹资2500万元分三期建设了18000平方米住宅楼，全村160户群众全部搬进新居。

（一）特色农业走向产业化。道马寨村投资50万元种植药材300亩，与大东峪"药材种植示范园"连成一片；县供销合作社中药材加工厂项目已完成选址，筹建了栗乡饮片厂。

（二）休闲旅游打造"黄金走廊"。围绕潘家口、大黑汀两大库区、滦河黄金旅游带及周边山水资源优势，投资100万元提升了以大沟农家乐为代表的"五珠一链"环滦河旅游观光带接待能力，已初步形成农家、吃、住、行、游、购、玩系列服务体系；大东峪"山里老家"农事体验游项目也稳步推进。

（三）新民居建设突飞猛进。投资2500万元的大关庄新民居顺利投入使用；投资1500万元赵庄子三期2万平方米商住一体住宅楼已开工建设；大东峪新民居三期工程已完工；目前全镇有9个村、共15批次建设新民居，建筑面积达10万平方米，村民居住环境实现质的飞跃。

（四）农村环境大幅改善。各村共硬化水泥路3公里，安装路灯180盏，美化墙体2万多平方米，垒砌河坝4公里，绿化10000平方米，多数村建立了保洁队伍，打造了大东峪、大关庄两个环境卫生整治精品村。

烈马峪村新民居（马振 摄）

四、社会事业建设得到巩固加强

（一）安全生产要求得到落实。加强对矿山、铁选厂、其它企业的安全生产监管，有力打击了非法采矿。

（二）信访稳定卓有成效。全面落实信访包案和接访制度，解决了27起信访案件，"平安指数"大大提升。

（三）文教卫生事业蓬勃发展。各村投资500万元普遍安装了村民体育健身器材；投资300万元完成24个村卫生室建设，实现了村民便利就医。

（四）加大群众社会保障体系建设。全年各类帮扶、救助资金累计投入达130万元，完成危房改造46户，新解决农村"低保"30户，100多户困难家庭不同程度得到资金扶植；率先在全县完成农民社会养老保险参保率达100%。

（五）加大社会治安综合治理。采取电子监控、动态化巡查等方式，对城区治安案件易发重点地段、重点行业实施专项治理，有

效防止了重特大治安案件发生。全年全镇重大治安案件、刑事案件发案率分别下降了 15% 和 20%。

在全镇共同努力下，各项工作取得了实实在在的成效，先后获得市委、市政府"群众文化艺术节先进集体"、市委"支持妇女儿童工作先进单位"和县委、县政府"老区建设先进单位"、等荣誉称号；继 2012 年被国家评为发展改革试点镇基础上，2013 年又被评为国家级生态镇。

2012 年，洒河桥镇立足全镇实情，本着将新农村建设充分"融入到优化农村居住环境中、融入到提升小城镇建设中"的思路，以"民富、民享、民安"为目标，整合资源，突出重点，全面推进。作为新农村建设攻坚突破口，该镇重点在新民居和幸福村建设上做足文章，累计投资已超过 2 亿元，极大提升了全镇新农村建设水平。2012 年，该镇被市委、市政府评为新农村建设先进乡镇。

洒河二村新民居（马振　摄）

三、古迹与风物

卢龙塞道

　　为境内古道，在西汉时期，广阳郡治所蓟（今北京）至右北平郡治所平岗（今内蒙古自治区宁城县黑城子）大路，途经卢龙塞（今潘家口），称卢龙塞道，又名卢龙道。在境内大致走向是：从三屯营入境，经滦河河谷至潘家口（卢龙塞）出境。

（选自1990年版《迁西县地名志》）

卢龙塞古道已淹入水中（马振　摄影）

洒河桥滦河渡口

谷显焰

　　滦河，是迁西境内最大的河流。其发源于承德地区丰宁县西北的巴彦吐尔山麓，经内蒙古高原、坝上草原及燕山山区，至乐亭东部进入渤海。有诗赞其"头摆口外汲清泉，尾荡渤海洗盐滩。"滦河于潘家口进入迁西县境内，经洒河桥、龙王庙、高台子至罗家屯东南出境，进入迁安县境内，在迁西境内67.5公里，河床宽一般500米左右。滦河把迁西分为东北、西南两部分。它给迁西人民带来了清澈的河水，也给两岸人民造成了巨大的交通困难。为了解决过河困难，人们就在滦河上用船渡河，设置渡船的地方叫渡口。20世纪六十年代以前，迁西境内有十几处渡口，最主要的有两处，一是洒河桥渡口，一是龙王庙渡口。

　　洒河桥渡口在清代以前因滦阳知名度高而称为滦阳渡口。其始于何时已无法考证。清同治十二年《迁安县志》和光绪二年《永平府志》记载，迁安西部有滦阳渡口。民国20年《迁安县志》记载："烟墩山下，滦河之滨，有巨石大如屋，平如砥，上插一铁桩，高五尺，围八寸，相传后梁王彦章系船于此。""烟墩山"就是现在洒河桥镇东滦河南岸的烟囱山。烟囱山下的滦河南岸，确有巨石铁桩。铁桩在1958年大炼钢铁时被炸掉卖铁，巨石在1975年修建洒河桥滦河大桥时掩埋。此渡口是否始于后梁（907—923年），是否有王彦章其人并在此摆渡，铁桩是否后梁时设，亦无法考证。但是，923年后梁灭亡后，今迁西一带为契丹族所治。契丹于公元947年改国号为辽。根据《宋史·刘敞传》，宋《武经总要》地理志，《辽史·本纪》等史籍记载，从辽中京大定府（今内蒙古自治区宁城县大明）经辽南京幽州府（今北京市）至北宋都成汴梁（今河南省开封市）有一条南北交通干线，是两国使臣往来的官方驿道。这条路经过松亭关路。松亭关就是喜峰口。根据喜峰口的地理位置及口内外地形地貌，此路必须在今洒河桥处穿越滦河。此外，辽朝曾在今迁西、宽城交界一带设立滦河县，治所设在松亭关路上的滦阳。可以想见，作为两国驿道而又是县城门户的滦河上必然设置渡船，这一点当时无疑的。后梁时已设立滦河渡口也是极有可能的。辽金元三朝，松亭关路一直沿用。明朝松亭关改称喜峰口，成为要塞，筑长城、驻军队，喜峰口路成为御边要路。清朝，喜峰口路成为关内外交通干线，渡口一直沿用。据渡口老船工介绍，从康熙年间以后，滦阳渡口一直由渡口附近的杨家河沿村杨家世代经营，一直到1958年。其间，1946年至1948年，为保证华北解放区和东北解放区的联系，确保党政干部和军队顺利通过长城一线和滦河，冀东解放区政府曾多次休整三屯营至喜峰口公路，同时，开始对渡口摆渡情况进行检查指导。1949年新中国成立后，邦均经喜峰口至宽城公路列为国道，渡口虽仍为杨家私营，但国家对渡口加强了监督管理，并拨船充实渡口，提高摆渡能力。1958年，随着社会主义改造的完成，渡口所有权收归国有，由交通部门管理，结束了私营历史，但船工仍为杨家老船工，具体事宜仍由他们负责。1969年，国家把渡口的所有权和经营权全部下放给渡口附近的杨家河沿、小寨、李家窝子3个大队。3个大队成立了渡口管理委员会，船工由这3个大队选派。

民国以后，洒河桥知名度渐高，人们将滦阳渡口改称为洒河桥渡口。此渡口从清朝有稽可查以来，一直设在洒河桥村东的滦河、澈河汇流处至下游烟囱山约一公里长的滦河主道上。两河汇流处上游两岸是山，烟囱山以下两岸也是高山。只有这一段两岸地势平缓，河道顺直，河水平稳，适宜设渡，且此段又是经喜峰口出入关内外的必经之地。一般每年农历四月底、五月初开始摆渡，九月中旬停船搭架草木桥。夏季洪水期视水势，多则连续或断断续续停渡一两个月，少则十几天。渡口一般设大小两只船，为船工们购置或捻造。大船一次可渡七八十人，小船可渡一二十人。建国后，国家调拨大

中小三种船。大号船一次可载三部空载汽车，或十二辆马车。中号船一次可渡一辆汽车或两辆马车。小号船则渡三四十人。大船满载时需要十几人撑船，两人掌舵，小船则需两三人撑船。渡口船工多则十多人，少则两三人。他们不分昼夜，常年驻守渡口，行人随到随摆。但一般要等四五人以上才渡一次。每次渡人或车的多少则根据行人多少、水量大小、渡船状况等情况而定。摆渡都是从上游顺流而下至对岸。水大时从起船到收船上下相差一华里，水小轻载一般也在20米远以上。行人下船后，将空船沿岸拉至上游，循环往复。正常水量情况下，不算等待时间，渡人从此岸到彼岸需十七八分钟，渡车则需30分钟以上。等人或等船的时间则没有定数。渡河是很麻烦的事，尤其是马车。为了加大容量，尤其是为了安全，上船前将长套牲畜卸下，上船后驾辕牲畜也要卸下。有的牲畜怕水根本不上船，需要前拉后打，逼迫上船，其难度可想而知。

清康熙年以后，滦阳渡口一直为杨家河沿村杨家经营，他们以渡口为生，附以稼穑。坐船费为现钱和粮食。渡口附近三四十里以内的人乘船当时不给钱，待到秋后给粮。此外较远的行人当时给钱。钱数各年不尽相同，可根据坐船人有无其他东西等情况灵活掌握。冬季，杨家买木搭桥，过桥与过渡收费相同。秋后，船工在三四十里以内沿村串户收粮食，作为一年的过渡过桥费，俗称"船粮"，收取"船粮"称为"打船粮"。船粮的多少亦无定数。坐船人根据自家过渡次数及有无车畜自定。有的给的多一些，有的给的少一些，实在没粮，也有不给的。建国后，邦宽公路定为国道，交通不断增大，尤其是汽车等重型交通工具增多，加大了渡口的压力。国家在百废待兴、百事待举的情况下，一方面从东北调来大批木材，搭架了比杨家桥又高又宽又牢的大木桥，全长47孔160多米。从此，过桥不再收费。1958年渡口所有权归国有后，不论远近坐船一律收费，交通部门发给船票。空人每次5分钱，有牲畜或便车1角。马车视轻重载加倍。渡口收入的20%上缴国家，作为购船修船之用，其余80%为船工报酬。1969年后，渡口收入的27%归国家，其余 73% 归三个大队。船工挣工分，参加所在生产队分配，每月另给 8 元生活费。

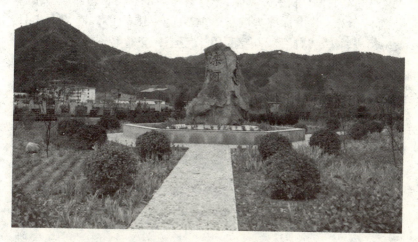

洒河桥滦河渡口现状（马振　摄）

洒河桥渡口的设立，在一定程度上解决了人们的过河困难，为附近人民提供了很大方便。但是，一到汛期，就不能摆渡，交通断绝，即使不断交，坐船也费时费工，有时等船要等半天甚至一两天，而且还非常危险。千百年来，船翻人亡的事故数不胜数。1933 年农历六月十一是洒河桥大集，此时，滦河正在发洪水，但为了在十二供奉河神日供奉河神，杨家河沿等附近几个村庄 70 人冒雨赶集，买来肉、米、香等供奉之物，坐船回家。船至中心，突被澈河下来的一个大浪冲翻，连船工 70 多人全部翻入河中，最后只有 20 余人逃出，近 50 人丧生。仅二三十户的杨家河沿村，就有 21 人遇难。渡口的历史，充满了悲哀和惨痛。千百年来，人们渴望架设一座大

桥，不论春夏秋冬，一年四季畅通。同时，随着国民经济的发展，邦宽公路的交通量越来越大，而且多为汽车等重型运输工具，渡口已极不适应交通需要。1973年，国家筹建潘家口水库，大批水库建设物资从这里经过，尽管增加了三四十条大船，仍不能满足需要。因此，1975年，国家给潘家口水库投资260多万元，在渡口修建永久性超洪大桥，桥长526.6米，车行道宽7米，人行道每侧0.75米，桥高14.5米，载重标准为汽车单车20吨，挂车100吨。7月1日大桥建成通车。从此，不论滦河怎样泛滥，交通都畅通无阻。滦河两岸人民世世代代的梦想变成了现实。大桥代替了渡船，洒河桥渡口完成了它的历史使命而与世长辞，结束了它的千年历史。

（选自1995年12月编印的迁西县文史资料第3辑《古塞撷丛》。）

卢龙古塞潘家口关

潘家口关。是长城的一个重要关口。在迁西县与宽城县交界线上，兴城北偏西32公里处。滦河经此穿过长城，流进口内，两岸危岩耸立，形势非常险要。

潘家口古关故址（刘汛涛　摄）

它是境内长城东起第 11 道关，古称卢龙塞，因两边之山古称卢龙山而得名（见《中国古今地名大辞典》）。曾有人误以为因卢龙县而得名，实则卢龙塞早卢龙县 700 多年。传更名潘家口，因宋朝曾有潘姓将军守驻。今关口及关城已没于潘家口库区，原址南距县城 31 公里，曾是河北平原通往东北的重要通道，历来为兵家必争之地，李广北击匈奴，曹操东征乌桓，均曾由此出塞。唐代诗人高适《塞上》诗曰："东出卢龙塞，浩然客思孤，惟昔李将军，按节出皇都。总戎扫大漠，一战擒单于"。唐代诗人戎昱曾在《塞下曲》中写道："铁衣霜露重，战马岁年深。自有卢龙塞，烟尘飞至今。"这些诗篇都证实了潘家口古代时候曾经战乱不断。

　　《卢龙塞略》载，明洪武年间始建关城，原址在此关之北。《蓟州志》载："东三里至团亭寨，西二里至东常峪（即东城峪）"。《明世宗实录》载，嘉靖四十一年（1562 年），蓟辽总督杨选向朝廷奏报，该关因有滦河之险，"请增缮堡墙、加置临河敌台以据形势"。朝廷准奏后，遂于原关之南又建新关，原关废。新城高 2.2 丈，周 219.6 丈，城南有校场。万历四年（1576 年）七月戚继光曾予重修，当时城内有居民 120 家。明清时曾有都司驻守，后改守备、千总，又改把总。《永平府志》载："（潘家口）山势高峻，城负山麓。滦河上流，春秋水深丈余，入夏或数丈，波流甚驶，帆樯上下相接。北通热河，南经迁卢滦乐昌五邑。顺流而下，实水路要冲。"清代，潘家口成为滦河水运集散地之一。1933 年日军占领喜峰口，在潘家口设立"航运税务局"和驻军据点，一面收缴航税，一面严查过往船只及行人，1945 年才被迫撤出。解放后，滦河水运逐渐发展，潘家口过往船只不断。1966 年，国家修建的北建国防公路（北京至辽宁省建昌）于此进入迁西境，在潘家口村西南建有潘家口大桥（1966 年 9 月开工，1968 年 9 月竣工，高 24.5 米，长 345 米），从此彻底结束了潘家口只能行船不能行车的历史。1979 年潘家口水库蓄水，库区水面 67 平方公里，1984 年底全部竣工，控制滦河流域面积 3 万多平方公里，蓄水量达 29 亿立方米，向滦河上游延

滦水明珠洒河桥

伸60公里，可达承德境内。库区两岸峰峦叠嶂，山水相映，流连其间，使人忘为塞上。为了这座水库，16个村庄近9,000人远迁、上靠。潘家口水库的修建，极大地缓解了天津工业和人民生活用水困难，有力地支持了国家经济建设，同时又造就了一处高峡出平湖的秀美风光，为人们旅游观光、休闲度假提供了一个全新的理想去处。

（马振　搜集整理）

铁桩崖旧址（马振　摄）

滦河古渡口铁桩崖

洒河桥渡口在清代以前因滦阳知名度高而为滦阳渡口。旧时夏秋渡船，冬季搭桥。其始于何时已无法考证。清同治十二年《迁安县志》和光绪二年《永平府志》记载，迁安西部有滦阳渡口。民国

20 年《迁安县志》记载："烟墩山下，滦河之滨，有巨石大如屋，平如砥，上插一铁桩，高五尺，围八寸，相传后梁王彦章系船于此。""烟墩山"就是现在洒河桥镇东滦河南岸的烟囱山。烟囱山下的滦河南岸，确有巨石铁桩，人们称之为铁桩崖。铁桩在 1958 年大炼钢铁时被炸掉卖铁，巨石在 1975 年修建洒河桥滦河大桥时掩埋。

解放后，古老的滦河渡口今已发生了沧桑变化：当年王彦章住过的石洞已被山石堵塞；400 多斤的铁桩于 1958 年大搞钢铁时已被冶炼；1975 年修建了一座 526 米长的钢筋混凝土大桥横跨滦河，后来又经过多次重修，天堑变通途，每天都有 2，000 辆左右的车辆通过这座滦河大桥；目前，正在修建横跨滦河的铁路桥。

（马振　搜集整理）

三义庙

迁西县洒河桥村东、南、北三面环水，西面环山，就在西山的山顶上原有一座庙——三义庙。

此庙建于晚清时期，由民间集资修建，承建人为洒河一带有名泥木掌座——王泰昌（本村人），泥工为本村鲁氏工匠，木工有杨氏、鲁氏等工匠。

传说庙址下面有"龙木"，怕龙王取走（因为龙王取龙木时会带着水来，整个村庄将被水淹没），经大伙儿商议，在阴阳先生的指点下修建了此庙，供奉的是三国时期刘备、关羽、张飞三兄弟，以此震慑龙王，保住龙木防止村庄被淹没，故名曰"三义庙"。

此庙建筑面积约为 1200 平方米，北面为正殿，供奉着刘、关、张三兄弟，刘备居中，关羽居左，张飞居右，最西边一间为和尚居室。东西两侧厢房，当时堆放杂物用，解放后改为学堂。院落东南角为"钟楼"，西南角为"鼓楼"，据说村中遭遇大事件（起火、发水、盗抢、敌情等事件）钟鼓齐名，以警示村民。庙门南开与大殿门相对。整个庙宇及院墙为青砖灰瓦，廊柱及庙门为红色，廊檐及钟鼓楼彩色绘制而成。

庙门对面有一座戏台与庙门口等高，中间为广场面积大约在2000平方米左右，逢年过节及庙会期间都在这里唱戏，听老人讲著名评剧老艺术家小白玉霜在此唱过戏。

此庙每年有两次庙会，庙会期间非常热闹，除搭台唱戏外，还有几十道花会，叫买叫卖的，拉洋片的演杂技的，挖脚的卖药的，应有尽有，十里八乡的相亲们都赶来凑热闹。此俗延续了几十年。

1933年1月，长城抗战爆发，洒河桥义勇军及县内各乡的义勇军1200多人手持铣锄棍棒鸟枪等，汇集在镇西三义庙前的戏台前，义勇军队员和当地的各界人士向孙中山遗像行三鞠躬礼，朗读孙中山总理遗嘱，然后演讲国难状况。台上台下，反日气氛异常热烈，听众拍掌大呼"打倒日本帝国主义"、"宁为战死鬼、不做亡国奴"等口号。各界人士"愤日本占据东三省，皆有怒目拔剑之势，欲与之拼命疆场，为民族争光荣，为国家争生存。"

文化大革命期间破"四旧"此庙被拆毁。

2008年被河北省文管所定为"文物保护单位"。

（王新　搜集整理）

皇　陵

皇陵在洒河桥北5公里处，为皇陵村民委员会驻地。东距桃园村0.8公里，西距被马蹄峪村0.8公里，南临洒杨滦公路，北距大沟村2公里。50户，180人。有张、王、赵、崔、田、关等姓，以关姓居多。清初，崔姓由山东迁此定居。当时村名不详。传说清朝嘉庆皇帝顺滦河捕鱼至此，见崔家姑娘长得漂亮，并封她为后妃，答应回京后接她进宫。结果，嘉庆皇帝回京后，却把此事忘了，致使崔姑娘愁苦而死。嘉庆得消息后，便命在此建皇陵，用妃子礼埋葬她，后因战乱而未修成，只好将姑娘埋在了村北的山沟内。后借此传说取名为皇陵。（马振　搜集整理）

传说皇陵村埋葬妃子的山坡（马振　摄）

三十二壳愣山

又名三十二窟。在县城偏北西 29 公里处，洒河桥镇与汉儿庄乡交界处，东、北侧临潘家口水库。传说昔人在此避难，山中存有三十二个房壳愣，故名。面积约 10 平方公里。属燕山余脉，主峰海拔 701 米。山势高陡。由震旦系石英砂岩构成等。表面土壤多褐土性土。山上杂草丛生，便长松、橡、榛、栗树等。

（选自 1990 年版《迁西县地名志》）

从三十二壳愣山顶远眺潘家口水库大坝（王文军　摄）

烟囱山寻古

　　烟囱山寻古。烟囱山，位于洒河桥镇东部，东临滦河，海拔352 米，面积约 5 万平方公里。此山危岩耸立，树木葱郁。山腰有一石洞，在洞里点火，山顶就象烟囱一样冒烟，所以得名烟囱山。烟囱山下是滚滚的滦河。这里是关里关外的交通要道，过去曾是滦河渡口。相传后梁时期，王彦章居住在山中石洞，在此滦河渡口摆渡。他力大无穷，在烟囱山下一个巨石上插了一根铁桩，在对岸李家窝子村边插上一根铜桩，用铁索连接铁桩和铜桩摆渡。他依仗自己力大，经常抢男霸女，拦路截财。他把拦截的金银埋藏在烟囱山上，共有九缸十八锅。人们说："九缸十八锅，不在前坡在后坡。"有一天，十三太保李存孝从此路过，王彦章将李存孝渡到河心，便索要金银。李存孝不给，王彦章举起铁棹便向李存孝头上打来。李存孝不急不忙，用臂一挡，叭的一声，铁棹弯成了90度。李存孝又夺过铁棹，用力一捋，铁棹便细了三寸，长了三尺。真是能人背后有能人，这下可把王彦章吓坏了，急忙跳进滦河逃跑了。这以后王彦章再也不敢在这里作恶了。到了清代，洒河桥村张财主的牛倌无意在烟囱山上刨出了一缸银子，张财主用这缸银子开了烧锅铺，从此洒河桥有了酿酒业。张财主又用剩下的银子在烟囱山顶修了一座玉皇庙。那口盛银子的莲花缸至今保存在张家。古老的滦河渡口今已发生了沧桑变化：当年王彦章住过的石洞已被山石堵塞；400多斤的铁桩于1958年大搞钢铁时已被冶炼；一座526米长的钢筋混凝土大桥横跨滦河，天堑变通途，每天都有2,000辆左右的车辆通过这座滦河大桥；烟囱山丰富的铁矿正在开采，满山遍野披上了绿装，前坡后坡都变成了财富，何止"九缸十八锅"呢？

（选自《唐山文史资料大全》迁西卷，作者潘秀华）

烟囱山（马振　摄）

大河山古迹

赵全利

我的老家大河山位于迁西县洒河桥镇东南6公里处，历史上曾经两次搬迁，所幸迁徙的地方都不远。最初定居在滦河东岸的西铺，那是我们的老祖宗开辟的地方。之后迁往的地方是西铺之东二三里的一个山坡上，村民屋舍依山而建，从南到北步步登高。这次迁徙的具体时间如今已经无人知道了。1978年，国家修建大型水利枢纽工程——大黑汀水库，我村又经历了第二次整体迁徙。这次迁居在第二个定居点的东北，整整挪了一个村庄的位置。所以，有人说现在村庄的西南角正是第二个定居点的东北角。我在第二个定居点出生，在那里度过了我的童年和青年，所以那里给我留下了极其深刻的印象。尤其那些古迹，在我的脑海中始终挥之不去，至今犹能记起的有9处：

1. 古墓。两座，位于村西的叫"西老坟"，位于村东的叫"东老坟"。西老坟在村庄西北3公里的水峪沟口，安葬的是我们的先祖赵宏。据《元史》和民国二十年版《迁安县志》载，赵宏"有勇略，国初为征西行兵马都元帅，积阶奉国上将军"。由于征战多年，积劳成疾，养病于惠州滦河东岸的西铺（即我村第一个定居点）。成吉思汗称帝后想念旧臣，曾两次差人召我们的老祖回京，但因为我们的老祖留恋家园、不愿回京为官，两次皆以身体不适搪塞过去了。事后老祖感觉对不起元太祖，遂以欺君之罪自责，饮刃而亡。使臣带着人头复旨，元太祖拍腿叹道："赵兄，孤实在想你，何必如此。"为褒扬忠义，遂为我们的老祖铸金头、治御葬于水峪沟口。东老坟位于村东2公里的将军帽子山下，这里安葬的是我们的另一位老祖——赵宏之子赵炳，其墓志尚在，照片已收入《迁西石刻》。据《元史》记载，赵炳因屡建奇功，加封镇国上将军、安西王相，最后为奸臣所害，终年 59 岁。惊闻噩耗，元帝惊呼："失我良臣。"遂为昭雪，谥号"忠愍公"，并敕令赵炳之子赵仁荣亲手杀了奸臣郭琮、郭叔云两人。

2. 古庙。我村曾有大小庙宇 5 座。一个小山村这么多庙宇，既不是集镇，又不是衙署驻地，这种情况县域之内实不多见。村中心主大街北侧的关帝庙，当年是我村最高的建筑，外观和其他庙宇相似，里面正中神龛上端坐着关羽的塑像，两边站着周仓等六位战将，四周墙壁画满了关羽事迹的壁画。庙前有两亩多地的院子，院子南边临街有 4 间普通砖瓦房，不知何故，人们叫它"马同"，里面有几匹泥塑战马。主大街西出口处有一间土地庙；主大街东出口有一间五道庙，里边画有火神等。后山孤立的沙山顶上曾有一间观音庙，后来因为有人说它压住了龙头，又被村人移到村庄后道的北边去了。村东 1 公里的一个山顶上有云钱寺，人称东寺，有前后两个大殿，前殿供奉如来佛和四大金刚，后殿供奉子孙娘娘、雷公、电母，前后两殿之间的院子里有一块高大的石碑和一座高大的钟楼，整个庙宇宏伟壮观，可惜公社化时变成了村办榨油坊。关帝庙于 1954 年变成了高小教室，其他小庙也相继拆除。

3. 古旗杆架子。两个，位置在马同南侧，主街南沿儿上，一东一西，相隔约 10 米。每个旗杆架由两块浅红色的花岗岩条石组成，条石高 1.5 米，宽 40 厘米，厚 15 厘米，宽面儿朝东西，两块条石之间相距 30 厘米，条石的上半截各有一个直径约 10 厘米的圆孔，据说是固定旗杆用的。

4. 古香炉。石质，位于两个旗杆架子之间，高 1.5 米，由三部分组成，顶部为香炉，中间为顶着香炉的立柱，高 0.8 ~ 1 米，柱上有金龙盘玉柱的浮雕，立柱之下为莲花底座。顶部的香炉可以转动。

5. 古戏台。在旗杆架子之南一亩多地的广场南端，台口朝北，台面 10 米见方，高不足 2 米，外沿儿都是用浅红色花岗岩条石砌的。从我记事起，每逢春节都要在这里演几天古装戏和自导自演的现代

戏。有人据旗杆架子和香炉推断，广场当年应是校场，戏台当年应是点将台。

6. 古井。位于旗杆架之东30米，主大街南侧，圆筒形，直径约1.2米，深4丈余。井口由两块东西向放置的浅红色花岗岩条石盖住，条石的对缝处开有两个直径约35厘米的井口（实由条石上的两个半圆形缺口组成）。由于年复一年的取水，井绳已将南面的井帮磨出几道深痕，最深的达5厘米。井水冬暖夏凉，永不枯竭，只是大旱之年才供不上全村用水。

7. 古钟楼。在关帝庙东南约40米的一株银杏树下，规模不大，里面挂着一口高1.5米、下口直径约1米的大钟。从我记事起它就是我村的发令钟。记得有一次一伙强人闯入我村，只听大钟一响，全村人立刻拿起锄镰锨镐涌向大街，吓得那些人赶紧抱头鼠窜了。那口大钟虽然早已在"大跃进"时被化成了铁水儿，但那雄浑的钟声却至今仍不时在耳畔回响。

8. 古树。那是一株银杏树（又称白果）和三株古槐。银杏树矗立在关帝庙前院东侧，高约40米，树冠覆盖了整个儿院落，主干需八人合抱，高7米，每个枝杈都有两搂多粗。更奇特的是，主干的上端还有一棵直径约2尺的小银杏树。库区蓄水前，因为这株银杏树太高了，砍伐的时候是在每个大枝杈上搭了脚手架，从上往下一截一截砍的，虽然树龄已逾千年，但木质洁白而细腻，软中带硬，没有一点朽的地方。三株古槐，主街中心一株，村西头一株，村东头一株。主街中心的那株北侧有马同，村西头那株西侧有土地庙，村东头那株东侧有五道庙。每株都有三搂多粗，主干中间是空的，孩子们经常在里面钻来钻去。看上去虽然老态龙钟，但枝繁叶茂、生机勃勃。街中心的古槐主干顶上搭了几块木板，20世纪六七十年代曾是村里进步青年宣传广播的"主台"，主台播一句，分散在各家平房或高岗上的广播点重复一句，搞得有声有色。可惜它也没有逃脱水库蓄水前被砍伐的命运。

9. 杀人场。在村西0.5公里的梨树沟口。老辈们传下来，说那是古时行刑的地方。

另外还有先祖画像。从我记事起，就知道村中央设有祖先堂，堂中墙壁上悬挂着赵达达、赵回回、赵罗哩三位先祖的画像。此画像至今保存完好。他们是在赵宏、赵炳之前还是之后不得而知，何时画成也无人知晓，但老辈人传下来说是三位亲王。大河山赵氏家谱早已丢失，现存于何处说法甚多。据查，吉林大学图书馆珍藏着我村 1932 年写成的赵氏家谱。

（选自《迁西文史内参》2011 年第 1 期）

澈 河

洒河，原名澈河。据《永平府志》载，"澈河一名强水，以波涛汹涌也。"每到雨季，河水散溢，冲毁房屋和庄稼，于是用"水"和"散"字组成了"澈"字，用来表示澈河水势凶狂之意。现习惯简写成洒河。

澈河发源于承德地区兴隆县獐帽子山南麓东八品沟，流经兴隆县南部的深山区，自西向东流经兰旗营至龙井关穿过长城进入迁西县境内，于汉儿庄乡栗树湾子村东汇黑河。流经汉儿庄乡，在洒河桥村北注入滦河。全长 74 公里，流域面积 1170 平方公里。在县境内长 27 公里，流域面积 200 平方公里。河谷宽约 50 米左右。卵石河床。栗树湾子到洒河桥一带，河道弯曲，多急滩。

澈河系滦河主要支流之一。地处燕山山脉西侧的暴雨中心地带，所以洪峰模数大于燕山山区其他河流。历年最大洪峰量可达 8000 立方米／秒，多年平均径流量可达 2.8 亿立方米。由于流域内植被较好，水土流失不甚严重。每年除 7、8 两月洪水期外，河水清澈见底，枯季最小流量一般在 0.6—1.0 立方米／秒之间。有少量鱼虾生长。河谷中有沙金。

境内河上有大关庄桥、韦庄桥、汉儿庄桥。

（选自 1990 年版《迁西县地名志》）

潘家口大桥

在县城北 27 公里处，原潘家口村西南，东西方向横跨滦河于两岸山腰之间，是北（京）建（辽宁省建昌县）公路的一项重要工程。始建于 1966 年 9 月，竣工于 1968 年 10 月 1 日，耗资 300 万元。桥高 24.5 米、全长 345.1 米，共 8 空，桥面宽 7 米。大桥下部为重力式钢筋混凝土墩台，上部结构西 5 空为上承式连续桁架钢梁，东 3 空为工型钢梁。载重标准：汽车，13 吨；拖车，60 吨。

大桥雄伟壮观，气势磅礴。1979 年，因修建潘家口水库，大桥被拆除。

（选自 1990 年版《迁西县地名志》）

洒河桥花灯

洒河桥花灯舞俗称"跑花灯"，兴盛于 20 世纪 50 年代，流传于洒河桥一带若干村庄，多在夜间表演。该舞以带柄的花灯为主要道具，表演者手持花灯，多在晚上出演，不须化妆。花灯舞的表演分"过街"和"打场子"两种："过街"时表演者排成四路纵队，手持花灯，以行进速度边走边扭；"打场子"是在店铺、住户门前或是广场做定点表演，表演时演员举灯跑编花寨、椅子圈、四面斗、二龙分水、对灯、卷华山、龙摆尾等十二三场图花样。花灯舞的伴奏乐器以唢呐、鼓、钹为主。

1958 年，洒河桥花灯舞参加河北省民间舞蹈调演，获优秀奖。

洒河桥花灯，河北省第五批省级非物质文化遗产，唐山市第三批市级非物质文化遗产，是由古老的河灯演变而来。洒河桥花灯集绘画、造型、配色、漂染于一身，以优美的姿态而闻名。花会以优美的舞姿，独特的演技套路，百看不厌，久演不衰，深受观众喜爱。

洒河桥花灯是中国民族传统文化的重要组成部分，纷繁夺目的色彩和灯光，构成了绚丽多姿的艺术品。每逢元宵佳节，男女老幼争相观看跑花灯等传统民俗，是迁西人民文化先进、生活幸福的美好盛景。

（马振据1988年版刘汛涛主编《迁西文化志》及《今日栗乡》刊发资料整理）

洒河桥花灯舞参加全县正月十五花会汇演（马振 摄）

洒河剪纸

剪纸在迁西是一种历史悠久、富有装饰性的民间艺术，有窗花、门签、鞋花等品类，大多用彩纸剪成或刻成，内容多表现板栗收获场景或人物、花草、鸟兽等形象，造型单纯质朴、色调鲜艳明快，深受群众喜爱。洒河桥镇位于河北省迁西县北部，地处燕山山脉腹地，滦河川流而过，是连接华北与东北的重要通道。承山川大地之灵性，享地利人和之便利，勤劳智慧的洒河人民在生产生活中，不断摸索创新，将剪纸技艺发扬光大，形成了独具特色的文化产品。

从二十世纪中后期开始，剪纸便在洒河地区悄然兴起。洒河一村老人赵全海，1941年出生，从12岁起就自学剪纸，通过长期观察、模仿和创作，他不仅能够用多种手法刻制，还能自己设计图样、染色，作品在市场上大受欢迎。他是较早从事剪纸行业的民间艺人，带动和影响了当地剪纸艺术的发展。剪纸逐渐成为年节和喜庆日子中必不可少的装饰品，一直到90年代，慢慢被其他装饰品取代，淡出人们的视野。近几年，随着人民生活水平的提高，对精神文化有了更深层次的需求，剪纸作为一种高雅艺术品重新回到人们生活中。在洒河，以秦天宝为代表的一批年轻爱好者又活跃起来，创作出一幅幅剪纸画作，深受好评。

2015年，鉴于我县文化产品欠缺的现状，洒河桥镇利用民间从事剪纸艺术的历史传统，积极谋划剪纸文化发展项目。该项目与张家口蔚县宏宇剪纸有限公司建立了长期合作发展伙伴关系，借鉴其先进的技术和经营理念，旨在立足迁西丰富的自然资源，弘扬传统文化，培育具有迁西特色的剪纸文化产业，将小窗花做成大产业，带动劳动力就业，增加农民收入，为发展县域经济做出贡献。

项目初步开发了四大系列产品，分别是依托我县丰富的旅游资源及民俗文化的迁西风物系列、纪念世界反法西斯战争和中国抗日战争胜利70周年的长城抗战系列、以佛教为主题的佛教文化系列和反映我县剪纸发展史的民间剪纸精华系列。为将我镇文化产业做大做强，我镇采用政府推动、企业主导的模式，注册了洒河文化传播有限公司，将进一步挖掘我县旅游资源和文化底蕴，通过深度开发剪纸、花灯、皮影等传统文化产品，打造特色文化产业，形成以旅游产业带动文化产品开发，以文化产品促进旅游发展的良好格局。

2015年农历四月十八"景忠山庙会"期间，在有关领导和部门的大力支持下，举办了为期 8 天的"中国民间剪纸艺术作品展"；之后又举办"栗林花海香约迁西"洒河剪纸艺术展，共展出各类剪纸作品 4400 多件，接待群众参观、咨询 7000 多人次，销售剪纸产品 1530 多件，取得了良好的经济效益和社会反响。

为支持移民村发展，解决移民群众的就业难题，公司拟邀张家口蔚县宏宇剪纸有限公司对库区移民进行剪纸技能培训。目前，公司正在与市、县移民迁建办联系，将举办为期 6 个月的移民群众剪纸技能培训。通过报名、面试等环节，已从报名的 180 名群众中确定了 100 人作为培训对象，目前正在制定培训计划，培训期间将采取边培训边生产的方式，开发具有迁西特色的产品。

经过多方考察，公司确立了剪纸作品的三种销售方式，一是网点和实体店同时经营，二是以纪念品的形式投放到各旅游景区，三是争取跟津西、移动、电信、房地产等公司合作，订做宣传品和奖品。（王雅娟　整理）

洒河剪纸作品《多福多寿》（王雅娟　提供）

剪纸技师在雕刻作品（王雅娟　提供）

四、古今战事

曹操兵出卢龙塞

东汉末，曹操在官渡战败袁绍。袁绍死，其子袁尚、袁熙投奔辽西乌桓，企图东山再起。建安十二年（207年），曹操率军北征。到幽州（北京一带）时正值连阴多雨，道路泥泞，又有乌桓军扼守要道，无法前进。曹操遂采纳无终（今玉田）人田畴的建议，假装退军，绕道徐无山（在遵化与玉田之间）悄然出兵卢龙塞（今潘家口，当时为天然关口，尚无长城），经白檀（今宽城一带），过平冈（今辽宁凌源一带），直捣乌桓老巢柳城（今辽宁辽阳一带），大败乌桓军，俘敌20万人。袁尚、袁熙又逃奔辽东太守公孙康，后被公孙康所杀。（见《长城百科全书》）

慕容俊兵进卢龙塞

十六国时，后赵王石虎死，诸子争位，中原大乱。前燕慕容俊拟趁乱取之，东晋永和六年（350年）亲率中路大军，兵分三路进兵卢龙塞，会师于三河。经数次征战，河北一带尽归前燕。《中国古今地名大辞典》言此战事发生于东晋永和十年（354年），并有"焚刊木石，令通方轨，刻石岭上，以记事功"之记载，今境内尚未发现此石刻。（据《长城百科全书》）

隋文帝兵出卢龙塞

隋开皇三年（583年），突厥首领沙钵略可汗联合前北齐营州刺史高宝宁等突入长城关口，隋文帝派杨爽为行军元帅率20万大军迎敌，大败突厥军。同时，幽州（北京一带）总管阴寿又率步骑数万出卢龙塞，大败高宝宁部，收复了长城内外大片失地。从此，隋朝北部边境趋于安定。（据《长城百科全书》）

唐王兵出卢龙塞

《盘山志》载："贞观十九年（645年），上征高丽，幸盘山。"李世民《于北平西盘山秋夜作》一诗中亦有："翠野驻戎轩，卢龙转征旆。"意思是，大军在翠野（盘山）暂住，要出卢龙塞（潘家口）征讨高丽。《迁安县志》载："西水峪寺，唐尉迟恭建，有碑记。"传汉儿庄在唐初为"汉马营"，原有一碑曾记唐太宗征辽时路过汉儿庄和潘家口的内容，惜于建国前后遗失。这说明唐王东征高丽时途之所经除了有盘山、遵化，还有今迁西的汉儿庄和卢龙塞。这次东征在迁西留下了许多传说，惜虚构成分太多，不能作为历史。

薛讷大败卢龙塞

唐开元二年（674年），幽州大帅薛讷（薛仁贵之子）率军出塞击契丹。大军行至滦河，"入山峡中"（即今潘家口），契丹伏兵突起，阻住去路，并从山上向下击之，薛讷大败。（见《日下旧闻考》引《读史方舆纪要》）

潘家口之战

《迁安县志》和《长城百科全书》载，明嘉靖三十八年（1559年）二月，蒙古鞑靼首领锡林阿率数万大军，由兀良哈三卫的影克哈孩作向导，进至会州（今平泉），欲犯边塞。他们先是假装要进攻东面的义院口（今抚宁县东部）和冷口（今迁安北部），续又迅速回兵西进。待率军迎敌的蓟辽总督王忬察觉中了圈套，急忙从冷口和义院口调兵西进时，锡林阿已于二月二十八日一举攻下了潘家口，并渡过滦河，攻进三屯营，占领了镇府。同时，纵兵劫掠，以至遵化、丰润、玉田、蓟州等地皆受其害。当明军赶到西面时，鞑兵又向东再次攻下今迁西、迁安一带，饱掠五日后才从潘家口退出。此次战役史称"潘家口之战"。此战极大地震动了朝廷。三月十六日，总兵欧阳安被撤，提督京师巡抚署都佥事李广继之。6个月之后的九月二日，李广又被劾免。九月四日，大同总兵张承勋前来镇守。蓟辽总督王忬因防御失利，于嘉靖三十九年（1560年）被杀。兴城镇西庄村南的白岩山石洞，今有铭记此次战事的摩崖。（见《迁西石刻》）

拔掉潘家口日伪据点

1941年秋的一天，迁遵兴联合县武装基干大队100多人，在大队长韩绍敏的指挥下，对潘家口日伪军据点发起了攻击，打死十多人，俘虏十多人，缴枪20多支。战斗中，内线向导、翻译赵长波牺牲。1945年8月中旬，潘家口、龙井关、二道城子、漆棵岭、东城峪、西城峪等6个据点的日军先后撤走，但仍有伪满军和反动民团武装驻守。洒河桥区委向附近各村发出鸡毛信，调集民兵百余人对各据点施加军事威慑和政治宣传。最后，各据点之敌纷纷缴械投降。（见《中国共产党迁西县历史》第一卷）

东北大军入关

为迎接东北大军入关，1948年9—11月，迁西县成立修桥办事处，先后抢修了喜峰口、潘家口、铁门关、董家口、擦崖子等处的桥梁和公路，同时还建立了喜峰口、滦阳、洒河桥、三屯营、太平寨、上营、兴城、新集等12个兵站。11月23日，东北大军近80万人，兵分北、中、南三路向关内进发，随行的还有10万匹战马、15万名民工。北路大军经建昌至喜峰口一带入关，中路大军由锦州、青龙至冷口入关，南路大军（主要是特种部队）由沈阳至山海关进关。12月1日前后，大军分别从喜峰口、铁门关、董家口、擦崖子及冷口进入迁西境。见道路又宽又平，遂由四路变作六路，齐头并进。从喜峰口入关的部队经三屯营去往遵化，从铁门关入关的部队经喜峰口、龙井关去往北平，从董家口、擦崖子入关的部队经兴城去往遵化、丰润。大军入关时受到了热烈欢迎，各关口和村头搭起了得胜牌楼，处处都有夹道欢迎的人群。各兵站值勤人员严守岗位，妇女们烧好开水准备在路边。队伍入村宿营，群众争相腾房、烧炕、端洗脚水、送去慰问品。在三屯营兵站，古镇军民燃放鞭炮，张灯结彩，唱影唱戏，地方政府还召开了拥军大会。（参见《中国共产党迁西县历史》第一卷、《紫塞明珠潘家口》）

1926年—1949年洒河桥革命斗争大事记

△1926年3月，白塔寨人、北京燕京大学社会学系学生李安宅（1923年考入济南齐鲁大学，1924年转来燕大），经唐照明（后任联合国秘书）介绍加入中国共产党。同年暑期毕业后留校任助教。同年冬与李大钊接触，经李介绍，到张家口苏联驻华领事馆当英文秘书。1927年李大钊遇害后，中苏断交，李安宅回到燕大，在海淀、香山、清华大学等地发展党组织，曾任支部委员。1929年北京市

委遭到破坏，李与上级失掉联系。李安宅入党前后，其革命思想及其活动在家乡知识教育界有积极影响。

△1927年春，新庄子村人、南团汀高小教员王乃堂（原名王荫秦，字蔼堂）蒙李安宅等引荐赴北京燕京大学旁读。2月，由共产党员戎之桐介绍加入中国共产党。

△1931年12月，洒河桥镇各界人士派代表去遵化索取义勇军组织章程。各界志士又分赴乡下募捐，挑选青壮年准备参加训练，各界青壮年积极响应，踊跃报名。

△1932年1月13日，洒河桥镇各界人士组织义勇军1200人，在洒河桥镇举行游行示威，沿途各界人士及群众参加者达数千人。游行完毕，队伍齐集三义庙前，各界志士登上戏台，向孙中山遗像三鞠躬礼，宣读总理遗嘱，讲演国难状况。与会人员高呼"宁为战死鬼，不作亡国奴"等口号，群情激昂，气氛热烈。随后，校阅队伍，各乡义勇军分队当场进行了演练。

△1933年3月，中共迁安县委派出代表赴前线慰问二十九军爱国将士。本月中下旬，全国各界慰问活动出现热潮。宋哲元特率全体官兵登报鸣谢，并陪同慰问团到洒河桥镇拍摄电影纪录片（摄影师是冯玉祥的下属赵亦云）。

4月11日日军攻入冷口，占领滦东。二十九军撤离喜峰口，固守滦河防线。

15日早6时，日军服部第十四混成旅团所属的一个联队附以伪蒙军，以猛烈炮火攻击二十九军二二二团南团汀、北团汀阵地，遭国民军痛击而退。9时许，千名日军由炮火掩护从松岭强渡滦河，突破北团汀阵地，继而猛袭南团汀。下午3时，赵登禹、何基沣正副旅长亲自督战，王长海团等部增援反攻，肉搏3小时之久，终于收复南北团汀失地。此役，毙敌300余人，二十九军连长以下官兵亦有较大伤亡。

21日早6时，日军山炮10余门、迫击炮5门、机枪20余挺猛烈攻击洒河桥二十九军阵地，炸毁该镇民房过半。11时，敌步兵借炮火掩护发起猛攻，二十九军王长海团沉着应战，击退敌兵。下午5时，敌坦克4辆向洒河桥进攻，亦被二十九军击退。

22日进攻滦河防线的日军奉关东军司令官武藤信义19日令逐次撤回长城一线。其突然撤兵的原因是，关东军未经向天皇奏准，擅自越过长城入侵华北，不符日本政府原定的战略意图。天皇担心，这时向华北扩张军事势力会损害英美在华利益，引起国际纠纷。

△1941年1月15日冀东区党分委发布大破交动员令。接此命令，丰滦迁、迁遵兴两县委积极发动各区破交，洒河桥镇滦河大桥、高台子滦河大桥和峡口滦河大桥均被地方武装烧毁。

△1942年7月25日（阴历六月十三）驻洒河桥据点日伪军数百人到南团汀、北团汀、大河山一带"清乡"，抓捕抗日群众100余人，挤押在镇里一家酒厂粮库中，次日分出一部关进一间房里。敌寇兵队长越野督阵，对在押群众进行毒辣刑讯，百般虐待。被捕群众不甘忍受折磨，先有个别青年拼死逃出，后有20余人借烟道越狱，老人和女教员受尽毒刑和凌辱放回。最后，将余下的67名南团汀村青壮年全部远押承德、锦州、铁岭三处监狱，无一生还。在此前后，日军在洒河桥据点成批屠杀抗日群众，其中一次12人，一次20多人。

12月28日，驻洒河桥据点日军趁大雪突然包围迁青平联合县一总区内拒不集家的夏家峪，制造打死该村群众11人、打伤3人的惨案。该村7名村干和11名报国队员经常配合地方主力作战，火烧洒河桥据点东之滦河大桥，抓特务，除汉奸，曾设伏于滦阳南三岔口，用地雷炸毁日本汽车一辆。惨案前，因抗拒集家并村，已有450间房被烧（仅剩3间）；惨案后，该村干部群众顽强地坚持了无人区斗争。

△1945年3月16—19日，冀热辽区首届群英大会在三屯营镇等地游动召开。大会表彰了部队英雄模范87名，民兵爆炸英雄、拥军模范工作者30余名，军区司令员兼政委李运昌和行署主任张明远给英模发奖。东营村的吴凯素被授予"拥军模范"并在大会上

发了言。

1945 年 7 月 30 日《救国报》载文之一《迁青平涌起参军热潮》说，在吴开素（吴凯素）送子参军先进事迹带动和影响下，全区乃至全县掀起"母亲送子上战场，雇主动员工人参军"的热潮。载文之二《松岭村扩军经验介绍》说，"红五月"以来，松岭三天动员18 名新战士，全区共有 26 名青年参军。

11 月 17 日《晋察冀日报》载文：《冀东大河山减租胜利，群众继起改造村政权》。据新华社冀热辽支社十四日电，迁青平联合县四区大河山村村干部多是地主，因此减租工作很难推动。地主们勾结在一起，推举出一顽固女地主作挡箭牌应付佃户。50 余佃户经区干部深入讲说减租政策，自动召开佃户会，强烈要求那一女地主执行政府法令。在区干部的调解劝告之下，那女地主只得退租七石多米。以此为突破口，全村共退租十九石小米，计一万七千五百斤。减租斗争导致了村干部改造。"结果农会洗刷了一个委员，青会五个委员洗刷了四个，公会洗刷了一个，开除两个坏分子"。在大河山村的影响之下，四区掀起减租热潮。

△ 1948 年 6 月 18 日蒋军傅作义部 13 架飞机轰炸三屯营、喜峰口、洒河桥集镇。

（选自 1992 年中共迁西县委党史研究室编辑的《迁西县革命斗争大事记》）

五、传说传奇

皇陵的来历

潘秀华　搜集整理

迁西县北部,潘家口南十来里的地方,有个山青水秀的小村庄,名叫皇陵。这里从没见过皇帝陵寝,也没葬过宫妃娘娘,为什么叫皇陵呢?

据说,清朝有个嘉庆皇帝,既喜欢打猎,又喜欢打鱼。他经常到承德围场打猎,也觉着不新鲜了;有一天,他听说滦河的鲤鱼很有名,就带着大臣和随从们前呼后拥地到滦河打鱼。吃鱼不乐打鱼乐嘛!

嘉庆皇帝到了滦河,就坐船逆流而上,边走边打鱼。走到潘家口南边不远的地方,他忽然觉得口渴难忍。船上的净水用完了,喝河里的水又嫌脏,君臣就东张西望地找水。他们发现,滦河西岸有几户人家,从村边流下一条小溪,溪边有一少女正低头洗衣。于是,嘉庆便命停船靠岸。君臣登岸,一个大臣上前说:"小姑娘,当今万岁口渴,讨碗水喝。"

那少女姓崔,听了大臣的话,回家给端来了一碗沏好的栗花蜜水,嘉庆喝了,心里觉得特别舒服。平日在宫里,人参汤啊,美酒哇,什么没喝过呀?可是,嘉庆觉着那些东西都不如这碗水有滋味儿。渴中送水与雪中送炭真有相似之处哇!嘉庆对送水人非常感激,抬头再一看眼前的送水人,啊!眉跟柳叶似的,脸跟桃花似的,嘴跟樱桃似的,年级十五六,就好象一个仙女站在面前。他看着看着,竟有些神魂颠倒了，于是便开口说道："朕有意接你进宫，不知你意下如何？"

那少女闻言，连忙跪倒谢恩："奴家乃山野村女，承蒙万岁错爱，不胜荣幸，愿终生伺候万岁。"

嘉庆闻听大喜："朕封你为西宫娘娘，等朕打鱼回京，便接你进宫。"嘉庆当天便宿在村中，第二天方登船逆水而上，出潘家口去继续打鱼。

位于潘家口水库下池的"嘉庆滩"（马振 摄）

从这以后，那少女天天等。眼见得月亮圆了又扁，扁了又圆；桃花开了又谢，谢了又开，却始终不见有人来接。这样过了许多年，那少女被折磨得面黄肌瘦，头发都白了。日久成疾，最后她郁郁而死。

皇上封过的"娘娘"，应该怎样埋葬呢？地方官都不敢作主。最后，只好奏到朝廷。原来，嘉庆回京之后，整天花天酒地，纸醉金迷，早已把此事忘得一干二净。看到奏章，他才忆起往事。他懊

悔只因自己一句话,害了姑娘一生。为了表示怀念,便刷了道圣旨:"按娘娘厚礼埋葬!"并拨了很多银子,命在村边为此女修座陵寝。后因战乱,只打了地基,陵寝没有修成,地方上只好把少女埋在了村北的山沟里。不过陵虽没有修成,但皇陵的名儿却传出去了,于是,这个小山村也就叫成"皇陵"了。

1986 年 10 月 12 日采录于迁西皇陵村

讲述人:关恒余,男,66 岁,农民

李存孝力敌王彦章

赵春元　搜集整理

唐朝末年,滦河上的洒河桥[1]岸口,有个赶船[2]的水盗,名叫王彦章。他横行霸道,无恶不作,常常抢劫过渡的客人,远近之人都惧他三分。

这天,王彦章正坐在船帮上等人过河,忽见岸上来了一个穿白袍的年轻客人。这年轻人高大魁梧,膀阔腰圆,气度非凡,背上背了一个沉甸甸的包袱。王彦章偷偷打量了他一番,暗想:有货!便站起身来,拱手抱拳说:"壮士欲过河,请上船!"年轻人说了声:"好!"将身一纵,跳上船去。立刻,船被压得左摇右晃,水差点没了船帮。王彦章吃了一惊,心想:来者不善!看样子有点象传说中的李存孝……

他想得不错,这年轻人正是李存孝。李存孝坐在船上,发现这赶船的贼眉鼠眼,似乎不怀好意,便存了几分贼心。船到河心,王彦章把船停住,冷笑两声,道:"客官,要想顺顺溜溜过河,先留下买路钱!"李存孝问:"要多少?"王彦章"嘿嘿"一笑:"不多,把你背上的包袱放下就中了!"李存孝闻言道:"你这人好没道理,坐船给你船钱,要我包袱干什么?"王彦章笑了笑:"这是本船家的规矩!今天你若不给包袱,我送你回宫[3]。"李存孝闻言大怒:

"你是什么人？可知你爷爷李存孝的大名么？今天甭说包袱，连一个子儿都不给你！"王彦章闻言惧了三分，嘴上却不服软："哼，鼠辈无知！江湖上谁不知我王彦章的大名？今天你若不给，当心小命！"话未完，他抢起执船用的铁篙，"呼"地一下便朝李存孝头上砸了过去！可是，他没有想到，李存孝右臂只轻轻一搪，"噗！"地一声，铁篙成了锄钩。王彦章急了，扔了铁篙，赤手直扑李存孝。两个人在船上拳来脚往，斗了十几个回合，最后王彦章被打趴下了。李存孝踩住他的脊背，怒斥道："亏你一身功夫，却在这里为贼！今天若不是我，恐怕又得死在你的棍下！起来溜溜把我送过河去，饶你不死！以后再不许这样为非作歹！"王彦章诺诺连声，从船板上爬起来，把李存孝送到了对岸。

李存孝上了岸，王彦章还不死心，他从船里拿出那根弯了的铁篙，指了指前面的石崖子，说："李存孝，我是不如你；可你能把这铁篙弄直，再钉入石崖子中吗？如若不能，嘿嘿，我还不能从心里服你！"李存孝微微一笑："这还不是小菜一碟？看了！"说完，他接过铁篙，两手一抻，铁篙直了，只是比原来细了三分，长了三寸。接着，他把铁篙戳在石崖子上，左手扶定，右手"咣、咣、咣"三掌，铁篙半截穿入了石崖子，又恢复了原来粗细。王彦章看得目瞪口呆，他长叹一声："果真厉害，有李存孝砸，我王彦章永不出世！"说完跳河逃走了。

从此，过路的客人再也不用担心有水盗劫掠财物了。那铁篙牢牢地钉在了石崖子上，后人便把这石崖子叫"铁桩崖"，那根铁桩子五八年还有呢！

1986 年 3 月 4 日采录于迁西县洒河桥镇一村

讲述人：吴井华，男，57 岁，农民

注释：

1. 洒河桥：镇名。在今河北省迁西县境内。
2. 赶船：方言，摆渡。

· 55 ·

3. 回宫：方言，回老家，去死的意思。

附：异文

铁桩崖

潘秀华搜集整理

迁西县洒河桥镇东有个烟囱山，烟囱山下面的滦河岸边，原来有一个六尺多高的大石头，石头上插着一根碗口粗的大铁桩。这里就叫铁桩崖。这个大铁桩重四百多斤，怪的是，一个人能撼动，人多了却撼不动了。传说这是五代时后梁的王彦章用双手插进去的。

王彦章出世之前，就在这里摆渡。铁柱对过还有一个铜柱。王彦章用铁索链把铁柱和铜柱连接起来，以便摆渡时牵拉。

王彦章力大无穷，却不干好事。他住在铁桩崖上边的山洞里，常借摆渡图财害命。他把抢来的金银装在缸里或锅里，埋在烟囱山上。所以，一直到现在人们还传说，"九缸十八锅，不在前坡在后坡"。

有一天，十三太保李存孝和他的母亲从这里过河，上了王彦章的船。王彦章不认得李存孝，只见女人身带金银，又有几分姿色，便生了歹意。他想找个借口，把这小子打死，既霸占这女人，又得金银，来个"一举两得"！

船到河心，王彦章向李存孝要"买路钱。"李存孝说没有，王彦章举起铁棹朝李存孝头上就打。李存孝不慌不忙，抬起胳膊往上一搪，"叭"地一声，把王彦章的铁棹给搪弯了。王彦章大吃一惊，嘴上却"哇哇"暴叫："你陪我的铁棹！"李存孝冷笑一声把被搪弯的铁棹拿过来，两手一撸，用"7"字形的铁棹就变成了"1"字形了，只是比以前长了三尺，细了三寸。王彦章一看大事不好，刚要逃跑，却被李存孝抓住了衣领。狡猾的王彦章连忙说："可别往河里扔啊，可别往河里扔啊！"

李存孝说："留你这恶人何用，去你的！"一下就把王彦章扔进了滦河。

王彦章如鱼得水，逃脱了。过后他一打听，才知道这个小子叫李存孝。他说："有李存孝在，我王彦章永不出世！"

这以后，王彦章一直不敢出世，等到李存孝"归天"之后，王彦章才出世保着篡位的朱温当皇上。

王彦章虽然死了一千多年了，他的铁桩和铜桩却留了下来，后人一直用那铁桩和铜桩摆渡，后来铜桩被水冲走了，铁桩在一九五八年大炼铁时被毁掉了。王彦章那"九缸十八锅"金银呢，洒河桥的张财主从烟囱山上找着了一缸，他们用这缸金银开了烧锅，又在烟囱山顶修了一座玉皇庙。那盛金银的缸现在还保存在张财主后代的家里，缸外面绘着奇兽名花的图案，挺好看的。

1986 年 10 月 11 日采录于迁西县洒河桥镇

讲述人：吴正荣，男，75 岁，农民

李存孝威震洒河集

高云平　搜集整理

话说 1100 多年前的晚唐时期，由于黄巢造反，天下大乱，致使藩镇佣兵自重，你争我夺，各自扩充势力。而李唐王朝积贫积弱，社会动乱，民不聊生。盛唐风光再难寻觅，眼看已是大厦将倾，社稷不保。到了公元 888 年，唐僖宗李儇 27 岁暴卒。其子李晔即位，是为昭宗，李晔大有恢复前烈之志，以图削藩平叛，再振朝纲之志。第二年春改号龙纪元年（公元 889 年），表示要发奋自新。然而却苍天不遂人愿，各藩镇早已是尾大不掉，根本不把朝廷放在眼里。对朝廷一切旨意阳奉阴违，利我者按旨行事，不利我者反其道而行，朝廷毫无办法。武将们觊觎江山已久，相互攻伐争城掠地，给老百姓带来沉重灾难。为扩充自己的实力，他们都想把皇帝当成政治筹码，掳为己有，"挟天子以令诸侯"，只待时机成熟，立就王霸大业。

黄巢攻占长安城时，唐昭宗为保住江山，消除藩镇势力，剿灭黄巢余党，便求口外沙陀国国主李克用进关相助。李克用正欲扩充势力，扩大地盘，见昭宗求救，正合心意，便挥师入关，南下勤王。

李克用是内迁的沙陀族人，沙陀族属于西突厥的一部，由于驻地有沙碛，且名为沙陀碛所以对外号称沙陀国，并以朱邪（音爷）为姓。相传他们的先祖出生于雕窝之中，酋长因为他生得怪异，便让各族轮流抚养，因此得姓"诸爷"，即不是一个人抚养，后来传成了朱邪，即"诸"变成"朱"，"爷"变成"邪"，但读音没有变。李克用的父亲是朱邪赤心，曾经参加镇压庞勋起义，因立功而被唐朝廷任命为单于大都护、振武军节度使，还赐国姓李，赐名国昌。李克用由于出生时就有一只眼睛失明，所以外号独眼龙。他年少时便骁勇而善骑射，随父亲参加镇压庞勋起义，所向无敌。后来因被诸部忌恨，为避祸端李克用便带全族人归依了唐朝，被任命为云州刺史，同时又赐姓李名克用。

由于幽州被军阀刘仁恭占据，为了消灭刘仁恭，李克用率军东向，准备从潘家口进关，袭击刘仁恭后路。

在路过宁城县甸子镇的河洛堡村时，大军扎寨宿营。是夜，李克用在中军帐中观看兵书战册，时至子时，不觉困上心来，便伏案睡去。朦胧中，见有一黄犬入帐欲行袭击，李克用慌忙用手去挡，那犬却一口咬住手臂。李克用大叫一声，痛醒过来，原是南柯一梦。梦境如此清晰，李克用不觉心下犹疑，不知主何吉凶。遂命人请来军师盖（gě）寓。

这盖寓既是军师又是心腹挚友，每当决断大事的时候，李克用对盖寓总是言听计从，每次出兵征伐都让他跟随。唐昭宗乾宁二年（895年）时，盖寓追随李克用入关讨伐王行瑜，被特授检校太保、开国侯，封邑1000户，领任容管观察经略使。

盖寓来到帐中，李克用将梦中之事说与盖寓，问道："此梦甚是蹊跷，莫非此去我手下大将有失？"盖寓笑道："非也，主公勿生焦虑，此梦正应主公必得一员虎将。大军可在此歇息数日，近日内必有应验。"听了军师之言，李克用心下稍安，遂命大军暂缓起程。

第二日，李克用率盖寓及心腹将领外出，到附近山中一边行猎一边游山玩水。忽然，一只猛虎从林中窜出。李可用率众人追了上去，当追到河洛堡后山林时，不见了猛虎踪迹。待爬上半山一看，猛虎已经窜入西面羊群。李克用张弓搭箭，连发三箭都未射中。这时，只见一个小孩冲进羊群，一把拽住老虎的尾巴，并顺势骑到老虎背上，把老虎压在一块巨石之上，三拳两掌就将老虎打的口鼻血出，断气而亡。在不远处的李克用与他的部下，人人看得目瞪口呆。李克用暗自寻思，此子真乃神力，若能收在身边，日后必可助我成就大业。便策马前来，说到："此虎乃我自家所养，既然被你打死，你就把它给我送回去吧。"小孩毫不思索，右手将老虎粗大的尾巴抓起来，"嗖"的一声抛将出去，老虎顺山坡渐渐高飞，越过山岭，直落在岭后盆底沟村的山脚下，将地砸出一个大坑，后人因此称此坑为"跌虎坑"。

这打虎的小孩何许人也？此人便是唐末五代第一猛将李存孝（？～894 年）。宁城县甸子镇河洛堡村人。

传说在河洛堡村住着一户李姓人家，夫妻只生一女，取名小翠。这小翠长的眉清目秀，聪慧可人，远近皆知其貌美。这年小翠一十八岁，她约好了九个年龄相仿的姐妹结伴上山挖野菜。当她们经过北山石人下的时候，小翠看见石人高大英俊，便产生了爱慕之心，她想，如果能嫁给石人这般伟岸的男人，此生足矣。她一边想，一边与众姐妹开玩笑说："咱们大家往石人身上扔篮子，谁的篮子能挂在石人的手上，谁就嫁给石人当媳妇如何？"姑娘们表示赞同。于是，姑娘们便轮流将篮子往石人身上抛去，可却无一只篮子挂住。到小翠扔时，说来也巧，这蓝子从石人的头上滑下，正好挂在手臂上，几个姑娘围住了小翠说笑，小翠羞一溜烟跑回了家去。

是夜，小翠辗转反侧彻夜难眠。突然，门"吱"的一声打开，走进一个二十岁左右的书生，这书生满身放射着微弱的蓝光。小翠

正惊惧间，书生开言便将自己是天神的化身，白天接蓝认妻一事从头到尾说了一遍。小翠边听边偷偷地看着英俊的书生，爱慕之心油然而生。二人互相攀谈，越谈越亲切，最后，多情的小翠把自己全部的爱都给了英俊的书生。

从此以后，书生天天晚上前来，鸡叫前走，转眼便是一月时光。这日，李父在集上打回二两老酒，让老伴炒得两个小菜下酒。小翠闻到油腥味便呕吐起来，老两口见此情况，便猜出了七八分，准是和哪个野小子有了暧昧之事。小翠见瞒不住，便把实情告诉了爹娘。为掩人耳目，一家人搬到山脚下，搭了三间草房暂住下来。

十月怀胎，一朝分娩。李家给小男孩取名李存孝。这李存孝自幼就力大无穷，三岁时便能滚动百余斤重的大石。时间一久，李存孝神力无比便已远近闻名。

话说李克用将李存孝带至大营，酒肉款待，并提出要收他为义子干儿。李存孝见李克用军容威武，一派王者风范，便有意投靠，遂说道；"此事须禀过父母方可应允。"李克用大喜，当即与李存孝来到李家，说明来意，家人见孩子愿意随军，便不阻拦。因李克用先前已有十二个义子，人称十二太保，李克用便封李存孝为十三太保。

次日，大军拔寨起营，够奔潘家口而来。大军进关，来到洒河镇边的滦河东岸。李克用站在岸边，但见滦水涛涛，河面宽阔，只有一条大渡船往来摆渡。李克用便招呼船家，商量过河之事。

这船家非是别人，正是远近闻名的豪强王彦章。这王彦章乃山东梁山人，早年因避祸流落至此，以山洞为家。此人勇武过人，力大无比，手使一杆大铁枪，数十人也难近得他身，人送绰号王铁枪。他头脑灵活，聪明中带着几分狡诈。几年前，他见人们受阻于滦河，不便往来。便打造一支大船，于滦河东岸烟墩山下一块巨石上插下一根铁桩，于对岸石上插下一根铜桩，作为两岸渡口。别人摆渡皆用木棹，而他却特意打造了一支三百六十斤的大铁棹。自此王彦章便在这滦河上干起了摆渡营生。在摆渡时，每见官商富客，王彦章便提高船费，非但如此，若见哪个客商穿金带玉，船到河心他便开口索要，对方若有不从，便是一顿拳脚，威胁将客人扔下河去。官商富客们为保性命也只能忍气吞声，要多少就给多少。由于他武艺高强，力大无穷，从未遇到过对手，几年下来，他便攒下了大批家私。人们传说他共积攒下九缸十八锅金银财宝，均埋在烟墩山上。

此时，李克用大军欲渡滦河，王彦章见又有发财机会到来，便将船撑到对岸。李克用虽已听说了王彦章的为人，但仗着自己兵多将广，又有十三太保护驾，便也没把王彦章看在眼里。他先让自己的一半亲兵渡过河去，紧接着便率十三名太保和贴身随扈一同上船。此时，王彦章早已盯上了李克用腰间悬挂的青龙宝剑，他想，纵使你是武将，又有千军万马，在这滦河中心的船上，你也不是我的对手，只要我开口，你就不得不给。思忖间船以渡至河心。王彦章突然停棹，面向李克用说道："我看将军这青龙宝剑甚好，不知能否借我几日？"说借是假，索要是真。李克用有心不给，在这莽莽滦河的中心，恐怕所有人都不是他的对手，可这宝剑也是自己的心爱之物，哪里舍得送人？遂说道，"我有心将此剑送与船家，怎奈军旅无常，时有战事，实是少不得这防身之物，船家若喜刀剑，我可将手下刀剑送你一把，你看如何？"王彦章见李克用不肯相与，勃然变色，喝到："一把破剑不肯相与，尔等难道要尝尝这滦河水的滋味不成！"众人见船家变脸，一个个吓得不敢高声。此时，就见一个十几岁的小孩站了起来，对这船家怒道："你这是要开霸王船，乘船到河心，索要人家心爱之物，可知这天下还有羞耻二字吗？"王彦章从来没有受过这等羞辱，今见是一个瘦小枯干的孩子口出狂言羞辱自己，哪里容得？骂道："乳臭未干的黄口小儿，也敢在大爷面前使横，看我不把你打成肉酱！"说罢，举起三百六十斤的大铁棹便向李存孝头上打来。李存孝不慌不忙，伸出手臂往上一挡，只听一声震响，铁棹便弯成了半圆。李存孝顺势一掠便夺过了铁棹。王彦章大惊，他松开了铁棹，往后倒退了好几步，险些没栽下河去。此时，就见李存孝一手拿定铁棹的一头，用另一只手将铁棹用力一捋，那铁棹便长了三尺，细了三分。王彦章看的是目瞪口呆，心想莫非是天神下凡，我哪里是他的对手，三十六计走为上，赶紧溜之乎也。他急忙转身跳进滦河遁去。王彦章后来投奔后梁太祖朱全忠，成了梁朝的得力干将，在后唐五代时被称为第二猛将。

再说李克用等人因没了船家，大船只能顺水漂流。也是天意助人，此时一阵东风袭来，大船被一直吹到对岸。上岸后，重又寻找摆渡之人。人们听说李存孝撸铁棹吓跑了王彦章，个个拍手称快，都把李存孝奉为神人。会使船的人自动站出来为大军解难，将大批军士渡过河来。此时天色已晚，大军便在洒河扎下营盘，暂且休息。

第二日，正值洒河大集，李克用带领十三个太保到集上闲游。当众人闲游到柴草市，只见一人身高八尺，膀阔腰圆，面如紫铜，满脸络腮胡须。他高举一只手，手中托着一个巨大的炭篓，篓中约有柴炭千斤。就见此人面不改色，言语自然，凡是路过之人皆誉为神力。此人一边手举炭篓，一边憨憨说道："我这一篓炭足可千斤，有人愿买我便送至家中，无人愿买，举到集散拉倒，谁若将这一篓炭从我手中接过去，我一个大钱不要，白送给他。"李克用等众人见此人如此神力，也是吃惊非小。便拉住一行人问道："此人是何方人士，为何有如此神力？"行人说道："此人乃西藏达木蒙古人，因家中遭遇冰雪之灾，牛羊全部冻死，只好外出谋生，早年流落于此，因此人生吃牛羊肉，故而神力惊人，这一带百姓均唤此人为达木苏王。此人虽有神力，但心机不够，半憨半傻，最爱显示他的力气，人还算实在。"李克用叹道："真乃天神也！"此时，在一旁却惹恼了十三太保李存孝。只见他走到大汉面前愤然说道："你举着这么一小篓子破炭在这显摆，难道天下没人了不成？"大汉见有人不服，低头一看见是个小孩，遂说道："小毛孩，你还不服怎地，我把这一篓子炭送给你，你要能接住，我就管你叫爷，你要接不住，就把你砸扁了，你想管我叫爷也叫不出来了。"说罢，就将炭篓朝李存孝砸下来。眼看炭篓就到了李存孝的头顶，只见李存孝猿臂微伸，拢起二指轻轻一弹，只听嗖的一声，那炭篓便向空中飞去，一直飞过了西山。围观众人无不惊得张大嘴巴，待回过神来便争相传诵，很快轰动了整个集市，人们纷纷寻找李存孝想要一睹风采。大木苏王见李存孝神力远超自己，也甘拜下风，便归顺了李克用随军征战去了。

后来，李存孝辅佐李克用，攻无不克，战无不取，后梁龙德三年(923)四月，后唐军攻占郓州(今山东东平西北)，梁朝廷大惊。经宰相敬翔力荐，梁末帝朱友贞任王彦章为北面招讨使，问其破敌之期，答以只须三日。王彦章命甲士600乘夜斩断连结德胜(今河南濮阳)南北城的浮桥，使据守两岸的唐军不能相救，他自率精骑袭破南城。唐军弃守北城，恰为三日，梁军声势大振。同年十月，唐军大举攻梁，王彦章奉命率领保銮骑士和新募兵卒防守东路，在中都(今山东汶上)他又与李存孝在战场相遇，可只走了几个回合，便被李存孝打下马来。战败被俘。后唐欲用其才，屡遣人劝降，王彦章不屈被杀。

李存孝辅佐李克用成就了一番霸业，其子李存勖建立了后唐王朝。古人言"王不过项，将不过李。"项，指的是西楚霸王项羽；李，指的就是李存孝。

李存孝威震洒河集的故事也一直流传至今。

法师降牤牛

王忠　搜集整理

洒河桥码头的上游有个"牤牛湔，湔当间儿有块状如牤牛的巨石，人称"石牛"。据说，从前每到夜静更深时，河上的船夫就能听到石牛发出吼叫的声音。

传说，有一天，一个法师从这里路过，听到了石牛的吼叫声，便悄悄地住了下来。他观察了数日，发现石牛的两颗眼睛是无价之宝(这对眼睛常人是看不见的)；但要想取宝，就得冒生命危险先降伏石牛。

法师决心降牛取宝。这天夜里，他独自一人来到石牛旁，躺在暗处观察起来。到了三更天，石牛变成了一头活泼泼的牤牛，它吼叫几声，走上岸来。法师见时机一到，一个箭步蹿到了牛前，两手一伸，抓住了牛角。牤牛猝不及防，吓得一愣；它见犄角被人抓住，立时急了，猛一甩头，法师被抛出去一丈多远。法师惊出一身冷汗，但并不泄气，他一个鲤鱼打挺，从地上跳了起来，身子一纵，跳上了牛背；牛身子一旋，又将法师掀了下来……就这样，两个一来一往，直斗了一个多时辰。到后来，法师浑身是伤，渐渐不敌，最后被摔倒在地，起不来了。

牤牛瞪大双眼，向法师冲来，法师并不躲闪，他破釜沉舟，使出了最后一招，——他躺在地上，将全身力气运到十个指上，静待牤牛伸头向自己顶来，看看近了，他突然双手齐出，十指同时向牛眼扎去！牤牛没防备这一招，两眼正好被法师十指刺中，它"嗷"地一声惨叫，疼得差点倒下去，法师趁机一叫劲儿，将两颗亮闪闪明晃晃的牛眼抠了出来。牤牛失去了双眼，疯一般向河里逃去，刚到河里便倒在水里，又变成了石头。

法师带着牛眼匆匆走了。从此，人们再也听不到石牛吼叫声了。

1968 年 3 月 16 日采录于洒河桥镇

讲述人：张德路，男，72 岁，农民

蜘蛛山和吸虎湍

王新　搜集整理

韦庄东南有一座山，名叫"蜘蛛山"，澈河流过蜘蛛山，在山下形成了一个险滩，这个险滩，名叫"吸虎湍"。关于这两个地方，还有一段神奇的故事呢！

传说，以前蜘蛛山上曾住着一个大蜘蛛精，它每天喷丝吐线，拖着铁锅大小的肚子，踩着银网，捕食行人牲畜、野兽飞禽，直闹得当地乌烟瘴气。

一日，蜘蛛精到河边喝水，突然狂风大作，一股腥味从身后吹来。蜘蛛精回头一看，见一只猛虎正向自己扑过来。它不禁大怒，起身迎了上去。一兽一怪战在一起，直杀得天昏地暗，飞砂走石。两个大战一天一夜，蜘蛛精渐觉力亏，便使出了最后一招。只见它身子一转，从肚子里喷出了缕缕银丝，老虎躲闪不迭，被粘丝紧紧缠住。这一来，蜘蛛精占了上风，它跳到虎身上，"吱吱吱"一阵猛吸！虎被吸干了血，化作一滩乱石，滚到了河里；水流因此变急，这里形成了一个险滩。这险滩，便是人们所说的吸虎湍。

蜘蛛精得胜回山，事情并未了结。没过多久，山下来了一位鹤发童颜，手执拂尘的老道，他声称要找蜘蛛精为弟子报仇。

原来，这位老道是峨眉山的一位真人，前些时他派弟子到北方云游，为了方便把弟子点化成了一只老虎。不想，他弟子化成的这只老虎途径蜘蛛山下时，竟被蜘蛛精治死了。他得了消息，便找蜘蛛精算帐来了。

蜘蛛精出山与老道交战，没过几个回合，便觉气力不支，它想象上次一样使出自己的绝招——喷丝，可刚一掉屁股，肚子便挨了老道一剑。蜘蛛拼命了，老道的剑一拔出，它便不顾剧痛顺刀口将丝喷了出来，缕缕银丝"忽"地向老道缠了过去。谁知，那老道不慌不忙，"噗"地吹了一口仙气，粘丝顿时被吹散了。接着，那老道一甩拂尘，"轰隆"一声，蜘蛛山被劈下一半，蜘蛛精被压在了下面。

老道为弟子报了仇，一甩拂尘，回峨眉山去了，可蜘蛛山却永远成了半截山。据说，现在那蜘蛛精还在被劈下来的山石下面压着呢！

1986 年 3 月 16 日采录于迁西县韦庄村

讲述人：韦景远，男，21 岁，农民

琼芽茶的传说

迁西板栗窝头端上了慈禧太后的餐桌，迁西景忠山香椿成为了清皇时令佳肴，大家已是耳熟能详。可有一首古诗写到："滦水琼芽取次春，仙翁落杵玉为尘。一杯解得相如渴，点笔凌云赋大人"。这诗里的"滦水"是哪里？所赞美的琼芽茶是什么茶？它的身价为什么这样高？你知道吗？

在七八百年前的元代，我们这一带属惠州滦阳县管辖，治所就设在今汉儿庄乡政府所在地。那时，迁西一带不似现在这样，有400多个村庄，当时只有汉儿庄、滦阳、大河山、金厂峪和彭庄等若干村落，地广人稀。滦水两岸，遍地生长着茂密芍药花丛。每到春天芍药发芽季节，人们便采集嫩芽充作时令菜蔬，就象如今把杨树芽子、茉莉芽子当春菜一样，相延成习。

有一个叫邢遵道的东北归化人，祖辈行医，颇知芍药药理。游医至滦阳后，见这里芍药甚多，便欲将芍药芽炮制后泡水代茶疗疾。几经试验，获益不少，原来这芍药芽茶清腴甘芳，味道醇厚，不仅提神益气清脑，还具有除血痹、破坚积寒热、止痛、利赤尿、去水气、利膀胱、治腹痛、腰痛的种种功效。这些功效绝非一般茶品可比和替代。古人讲药食同源，邢遵道以茶代药疗疾的方法当与现在的食品保健法如出一辙。

地处边塞，缺医少药，百姓贫病交加，生活艰苦。滦阳官民不仅把芍药芽用于救济春荒，还作疗治茶饮，应症患者一时大为减少。这个消息一传十，十传百，很快传入大元左丞相拜住那里。那拜住是何等样人，马上意识到这是一件取悦英宗皇帝的好机会，于是进言道："圣上，臣听说世祖在位时，与安西王相赵炳交谊甚厚。赵炳曾将家乡出产芍药芽带入宫中献作时令菜肴，王公后妃食之无不称赞，称其为山珍。近来臣下又听说滦阳有人把这芍药芽制成了茶饮，常喝对人体大有裨益，当地传为佳茗。前日，臣这里正好有人送来一些，饮后感觉神清气爽，于是也想请圣上品鉴。"英宗闻听，随即叫人从后花园取来深井之水煮开，急急沏上一壶。不一刻，整座宫殿芳香四溢，及至入口，甘爽如饴，口味绵长，不禁频频点头道："好茶！好茶！比之金沙紫笋、龙安骑火、乳窟仙掌、蒙顶麦颗等名茶毫不逊色呀！爱卿，这茶叫个什么名啊？"拜住忙说："此茶还未起名，圣上聪慧，何不赐一茶名？"英宗皇略一沉吟："这么好的茶，起名也需雅致一些，就叫琼芽吧！"拜住连忙说："琼芽，妙！妙！我在这里先替惠州百姓谢过圣上。按说这茶名也不能白起，就叫惠州每年往宫里进献一些，以应宫室之需若何？"英宗立即叫拜住拟旨，命惠州向朝廷四时进献。惠州州长不敢怠慢，将此事交与滦阳县令。滦阳县令更是诚惶诚恐，马上差人查明芍药资源，划定生产区域。经查，滦河东岸的花布园子（今大河山村）一带因盛产白色芍药，且朵大如盘，品质上乘，被定为御用琼芽茶生产之地。每年春天，这中心方圆十几里的百姓，把采集芍药嫩芽当做一项重要的农事活动，男女老幼提篮背篓一齐出动，田野到处是欢声笑语，遂成一时之盛。各家采集的嫩芽，要集中在苇席上晾晒，再精心挑选去杂，然后请有经验的师傅炒制成琼芽茶后，还须经几道专门检验，方可装入精美的茶盒封存，贴上皇家印鉴，系上红绸带，或山道或水路送往大都、上都和中都宫中。皇帝也常把琼芽赏赐给王公大臣。

惠州琼芽茶因此声名鹊起。后来许多名人骚客还以此为题吟诗做赋，大张其事。元代著名文学家陈旅在《安雅堂集》卷一中有《琼芽赋并序》一篇，盛赞并记录了琼芽茶产地、制做过程、治疗功效及作为贡品的情况。

同时代国史学家黄溍也在《金华集》卷六中有诗若干首，其中《滦阳邢君隐于药市，制芍药芽，代茗饮，号曰琼芽，先朝尝以进御云》赞美："君家药笼有新储，苦口时供茗饮须。一味醍醐充佐使，从今合唤酪为奴"。"芳苗簌簌遍山阿，珠蕾金芽未足多。千载茶经有遗恨，吴侬元不过滦河"。"春风北苑鬭时新，万里函封效贡珍。

羡尔托根天尺五，不劳飞骑走红尘"

荒山野陌育珍稀，御赐琼芽名噪时。堪比黄金身价贵，一方水土养民黎。因了此事，当年出过元帅和将军的花布园子再度声名大振，盛载了无上的荣耀。

（赵印国　采写）

烈马峪的来历

古时候，迁西洒河桥一代森林茂密，各种野生动物很多，是很好的天然猎场，清朝康熙皇帝喜欢到这里行围打猎。一次，康熙正在烈马峪山岭上围捕一只野鹿，突然间，山路上窜出一条花斑豹，一位大臣的坐骑受到了惊吓，扬起前蹄，把那位大臣掀下马来，随后顺山路狂奔而去，众人赶紧将这位大臣扶起来，询问伤势如何？康熙皇帝叹道："这真是一匹烈马啊，爱卿受惊了，我看此处山高路陡，就叫烈马峪吧"

后人，故借此取名为烈马峪。（马振　搜集整理）

道马寨的传说

道马寨村原来并不是这个名字。明朝万历年间，丁姓迁此处定居，故取名为丁家店。

传说，康熙皇帝在烈马峪打猎受惊吓而跑的那匹烈马一路狂奔，跑到丁家店后，又累又饿，被村里人收留，此时康熙皇帝一行已走远了，村人见这匹宝马英俊威武，甚是喜爱，都想喂养。怎奈这匹马就是不吃不喝，也许是怕生人，也许是不习惯山里的生活吧，慢慢地竟病倒了，后来官府听说此事，派当差的下来调查，听说是皇家的宝马，不敢怠慢，遂请来有名的兽医调治，慢慢地就好了。后来官府带走了这匹马。

后来，人们借此将丁家店改名为倒马寨，因嫌"倒"不好听，

后改"倒"为"道",就叫道马寨了。(马振　搜集整理)

白塔寨的传说

白塔寨村在洒河桥南偏东 2.5 公里处,东距滦河 0.3 公里,建村于明初,因紧靠滦河,取名临滦寨。

那么,为什么村名现在叫白塔寨呢?这还得从朱元璋和刘伯温说起。

传说,朱元璋夺取天下之后,一直担心有人谋反篡位。他开始削减大臣的兵权,把王爷们分封的各地,又派大将徐达到燕山一带修筑长城,派宰相国师刘伯温云游天下,访民情,查隐患。

一天,刘伯温一行来到了洒河桥滦河渡口的铁桩崖,正值汛期,但见滦水滔滔滚滚,奔腾咆哮东流,想摆渡过河有些困难。于是,他们便沿河岸南行,顺河而下,来到临滦寨村,正值中午时分,烈日炎炎,刘伯温命随行埋锅造饭,自己则开始察看山川走势,河流气脉。当时刘伯温就发现了问题,只见这里的山水风脉十分硬朗,临河的山似一条腾龙俯瞰滦河,而西面的山又像一只猛虎威风八面。大家知道,刘伯温可是前知五百年,后知五百载的勘舆大师。刘伯温掐指一算,不好,这里是龙虎之地呀,不出几年,这里就会出现可称王称侯之人,另还有统领大军的武将诞生。刘伯温赶紧派人回京向皇上汇报,然后,召集地方官开会,拨专款开始修建白塔一座,寺庙一座。白塔就修建在临河的腾龙山龙头之上,三霄娘娘庙就建在了威风八面的虎山虎头上。这就压住了风脉,使这里没有出现皇帝和将军。

后来,人们根据白塔的修建,就将村名改为白塔寨了。后来在文革期间,白塔和三霄娘娘庙被作为反四旧对象,拆除毁坏了,现在很难发现遗迹了。

传说归传说,白塔和庙宇确实存在过。而白塔寨并没有因为这些而受影响,历史上也曾出现过李安宅、李安怀著名学者和军旅行

伍领导，大中专毕业生数量在这一带村子里也是名列前茅的。这与村民们重视教育，崇德尊师有关。

（2015 年 6 月 3 日，马振采写于白塔寨村。讲述人：村民李春来，70 岁；侯德国，78 岁）

六、碑　刻

隆庆三年潘家口敌台鼎建碑

此碑原来嵌于潘家口长城附近的一座敌台内，后随移民搬迁丢失，现收藏于唐山市民俗艺术馆。碑高 52cm，宽 93cm，厚 9cm。

【碑文备考】

隆庆三年秋季之吉。总督蓟辽、保定等处军务兼理粮饷，兵部左侍郎兼都察院右佥都御史宜黄谭纶；整饬蓟州等处边备兼巡抚顺天等府地方、都察院右佥都御史潍县刘应节；巡按直隶监察御史汝阳房楠；整饬蓟州等处兵备、山西布政使司右参政兼按察司佥事益都杨锦；总理练兵兼镇守蓟州等处地方总兵官、中军都督府右都督凤阳戚继光；协守东路副总兵官句客胡守仁；总督军门中军都指挥暴以平；松棚谷路游击、署都指挥佥事马邑张蕙；延绥入卫游击将军、都指挥佥事□州张拱立；监理□□钱粮总委官、蓟州卫经历章二、柴藻；龙井儿等处地方都指挥佥事蓟州李从善；延营督工、右哨千总、指挥佥事揄阳汪楠；松棚谷路监工、旗牌王锐；□工、把总、指挥佥事陈阶；千户张沂；□委官李帖木、贾延章、白江、张虎、夏镡、车元、万敖鼎□。

注释：（略）

1.松棚谷路：简称松棚路，蓟镇中协四路之一，辖潘家口、洪山口二提调，兼管罗文峪提调。守将住今河北省遵化市松棚营。

2.龙井儿：即龙井儿关，统称龙井关。在潘家口西南。

隆庆三年潘家口敌台鼎建碑

重修潘家口关王庙碑

潘家口,古称卢龙寨,蓟镇长城重要关隘。位于县城北35公里,东接喜峰口,西邻柞子菴关,为域内长城东起第七道关口。滦河水穿关而过,两岸危岩耸立,形势极为险要。长城由喜峰口盘山而至,经过关门,跃上挺拔险峻的高山。长城南侧,则为依山而建的潘家口关城。《永平府志》载:"城为土筑,高二丈二尺,城围二百十九丈六尺,西南各有一门。"潘家口历来与喜峰口互为唇齿,进攻喜峰口必攻潘家口,潘家口有失则喜峰口必克。所以,历代都十分重视潘家口的防御。今关口及关城均已沦为库区,大部分碑石也已尽没水中。这通题名《重修潘家口关王庙记》的石碑,上世纪八十年代发现于汉儿庄乡太阳峪村东,高193cm,宽89cm,厚23cm;立碑时间:明万历二十九年冬;立碑人:钦差总督、都察院右佥都御史万世德,钦差整饬蓟州等处边备兼巡抚顺天等府地方、都察院右副都御史刘四科，钦差镇守蓟州、永平、山海等处地方兼备倭总兵官、前军都督府都督佥事尤继先等。赐进士第、詹事府正詹、纂修玉牒兼翰林院侍读学士嘉定范醇敬撰文，全文 970 字，主要记述了万历二十九年对潘家口关王庙的一次重修行动。

【碑文备考】
重修潘家口关王庙记
赐进士第、詹事府正詹、纂修玉牒兼翰林院侍读学士嘉定范醇敬撰文

按祀典，法施于民则祀之，以死勤事则祀之，以劳定国则祀之，能御大灾则祀之。非是族也，不在祀典。柳下季言之详矣。今方以内，为云长公尸祝地者，自大内以及穷陬，无虑亿万区。公何以得此于今日哉？公之得此于今日，又宁曰一二偶合祀典哉？方公之从昭烈也，绵不绝如线之续，其忠勇节义烂焉史册，宁直士君子悉之，即妇人亦能道之。顾鼎足之业浮沉已屡，当年之法施民、克勤事而劳定国也，成徂事矣，请无具论，姑以御灾捍患者言之。今天下称灾患者，宁大戎虏哉！索键之夫，凡在行间，谁不徼公威灵以从事？不惟阴佑之功其应如响，而显佑之力亦令天骄啮指。于赤面而髯者，在上有明征焉。公之捍御，宁一时一地已耶？潘家口当滦水入塞之冲，旧有公祠，厄且圮。岁己亥，宋将军来守是关者再逾伏腊矣。将军自束发时慕公之忠，高公之义，尝奉公于齐头。□关而拜祠下，慨然有维新志。且夕间所为陟降公者，其特百常情可知。以故，天骄駃騄，无敢一马窥视藩篱，一二属夷且倾心效顺，我士卒樵苏于塞下者犹堂奥也。夫以洪涛澎湃之区，且值伯酋蓄怨之会，竟以宁谧报。髫倪归功于将军。将军曰："愚生也鄙，何功之有？赖关夫子明赐耳。"遂捐俸资以新其祠，阔正殿为三楹，神路为三楹，牌坊为三楹，钟鼓有楼，侍香火者有室，绝陬迩间突然开一洞天哉！工肇于辛丑春仲，迄于季冬。将军之资，士卒之力，乡商赞成也。然将军为不佞手植桃李，因托以识日月焉。不佞既识之，喟然叹曰：

"宋梁公之抚江南也，毁吴楚淫祠千八百所，独季子、伍员之祠与大禹并存。夫非嘉忠义乎？"以彷于公，则瞧火之于曦阳，桔槔之于江汉也。彼一时也，吴楚间独无公祠耳。藉令有之，其褒崇又当何如耶？以此知公之有合于祀典，祀不为淫；知将军之有意于忠勇节义，祀不为谄云。

钦差总督蓟辽、保定等处军务兼理粮饷，经略御倭，兵部右侍郎兼都察院右佥都御史万世德

钦差整饬蓟州等处边备兼巡抚顺天等府地方、都察院右副都御史刘四科

钦差总理蓟州等处粮储兼管屯种、户部郎中胥从化

钦差整饬蓟州等处地方兵备带管驿传、山西布政使司右参政兼按察司按察使杜潜

钦差镇守蓟州、永平、山海等处地方兼备倭总兵官，前军都督府都督佥事尤继先

钦差协守蓟州中路等处地方、分理练兵事务副总兵官、都指挥佥事李光先

钦差总□军门中军参将、都指挥佥事麻承恩

钦差抚院中军副总兵、后军都督府都督佥事胡承勋

钦差统领蓟镇中路、南兵副总兵、都指挥佥事楼必迪

钦差分守松棚路等处地方游击将军、都指挥佥事周应龙

钦差守备潘家口关等处地方、以都指挥体统行事、指挥佥事宋□□

三屯标下、滦阳营选锋□□□兴卫百户□□□

万历辛丑岁季冬吉旦立

注释：

1. **詹事府**：职掌太子、亲王训导的机构，入府的均为四方名儒。内置詹事、少詹事、府丞、主簿、录事、通事等职，下有左右春坊和司经局。

2. 玉牒：记载帝王谱系、历数及政令因革的典册史籍。

3. 克勤事：能够尽心于职事。克，能够。

4. 族：类型。

5. 柳下季：春秋鲁国柳下惠的别称。

6. 今方以内句：今天下祭祀云长公的地方，自皇宫以至穷乡，概不下亿万之处。尸祝地，即祭祀之地；无虑，不计虑，大约，大概。

7. 宁曰：难道说。

8. 烂焉史册：昭然史册，或说史册中到处都有他的记载。烂，本义有熟、多、灿烂等。

9. 顾：回顾。

10. 徂事：往事。徂cú，往。

11. 宁大戎虏句：今天下称得上灾患的，难道还有什么能大过戎虏吗？戎虏，对北方少数民族的蔑称，此处指"戎虏之患"。

12. 索键之夫：勇猛刚健之士。

13. 行间：行伍之间。

14. 徼：yāo，通"邀"，祈求。

15. 阴佑：暗地里保佑。与后面"显佑"相对。

16. 令天骄啮指：让天骄心动。天骄，汉人对北方匈奴单于的称呼。啮指，意谓"心动"。典出《后汉书·蔡顺传》："顺少孤，养母。尝出求薪，有客卒至，母望顺不还，乃噬其指，顺即心动，弃薪驰归。"

17. 明征：明证。

18. 捍御：保卫，防御。此处指关公以威灵对疆土的"捍御"。

19. 厄且圮：寒酸且毁坏。。

20. 己亥：指万历己亥，即万历二十七年，公元1599年。

21. 再逾伏腊：又过一寒暑。伏在夏季伏日，腊在农历十二月。故古言"伏腊"，犹今言"寒暑"，但有时也专指"伏祭"和"腊祭"。本句意思是说，这是宋将军到此地的第二年。

22. 束发时：15至20岁时。古人在这个年龄段必须束起头发，以示进入成年，故称"束发"。

23. 慕公之忠句：仰慕关公之忠，崇拜关公之义。

24. 齐头：疑为"案头"。

25；陟降：zhì jiàng。神灵默佑。

26. 駾喙：意谓人困马乏。駾 tuì，马儿惊走奔突；喙 huì，本义为长嘴，此处形容喘气。

27. 藩篱：fānlí，屏藩、边境。

28. 樵苏：qiáosū 砍柴刈草。

29. 堂奥：厅堂和内室。

30. 伯酋蓄怨句：虽处波涛澎湃之地，又值多事之秋，竟能够以平安上报。伯酋，夷狄之首；蓄怨，蓄积怨恨。宁谧，安宁。时值万历末年，北人又曾数度入犯，故作者有"伯酋蓄怨"之句。

31. 髦倪：máoní，犹旄倪，即老幼。

32. 关夫子：对关公的敬称。

33. 侍香火者：侍奉香火的人。指僧人。

34. 绝陬迤间：至为狭小偏僻的角落。绝，非常，至为；陬 zōu，角落；迤 ěr，近、狭、浅。

35. 工肇于句：工程开工于万历二十九年夏历二月，完工于农历十二月。

36. 不佞：佞，"佞"之讹。不佞 nìng，即不才。从这句得知，作者为宋将军的老师。

37. 季子：春秋时吴王寿梦第四子，人称"公子札"。传为避王位"弃其室而耕"于江阴申港东南的舜过山下，人称"延陵季子"。死后葬此。后人于墓旁建季子祠，至今其墓犹存。

38. 伍员：字子胥，春秋时楚国人，出生时间不详，卒于公元前484年。出身世代贵族。因父兄遭难，逃奔吴国，成为一代名相。伍员祠，在今杭州吴山。

39. 以彷于公句：意思是说，如果以他们来比关公，则如灯火之于晨光，井水之于江汉。彷 Páng，同仿，义为仿效、比照。瞧，本义为眼目昏花；瞧火，即微微闪烁之火。曦阳，晨光。桔槔，本义为井上汲水的一种工具，此处可引申为"桔槔之水"，即井水。

40. 藉令有之：即"藉令之有"，假如让它有。

41. 褒崇：褒扬崇敬。

42. 合于祀典：符合祭祀条件。

42. 淫：过分。

43. 诌：诌媚，曲意迎合。

44. 万历辛丑：万历二十九年，公元1601年。

潘家口标志碑

潘家口，长城名关。古为卢龙塞要冲，李广抗击匈奴，曹操北征乌桓，均曾假道于此。明洪武年间，始筑关城，地在今关之北。嘉靖四十一年，于今址建新关；关城"高二丈二尺，周二百十九丈六尺"，背负高山，虎视滦水，形势极为险要。

公元一九七九年，潘家口水库建成蓄水；古塞雄关，融入潋滟波光。

迁西县人民政府

公元二○○三年九月立石

潘家口水库建设志碑

此碑现立于迁西县潘家口水库大坝西侧碑亭内，碑身高宽150.5×401cm，碑基高宽厚500×249×117cm。由中国人民解放军00619部队建立。碑阳镂刻胡耀邦1985年亲题"潘家口水库"5个鎏金大字，碑阴铭刻《潘家口水库建设志》。

【碑文备考】

潘家口水库建设志

潘家口水库枢纽位于河北省迁西县杨查子滦河干流上，是开发滦河水利资源的骨干工程，主要任务是向天津、唐山提供城市及工农业用水，结合供水发电，兼顾防洪、水产等。

枢纽工程由主坝、两座副坝和坝后电站组成，主坝为混凝土低宽缝重力坝，坝顶长一千〇三十九米，最大坝高一〇七点五六米，有溢流坝孔十八个，泄洪底孔四个。电站装十五万千瓦常规机组一台，抽水蓄能机组三台。

水库控制滦河流域面积三万三千七百平方公里，总库容二十九点三亿立方米，年平均调节水量十九点五亿立方米。

本工程由水利电力部天津勘测设计院设计，中国人民解放军〇〇六一九部队施工，水利电力部第五工程局安装队负责常规机组、变压器和开关站设备的安装。

工程于一九七五年十月正式开工，一九七六年十月截流，一九七九年十二月下闸蓄水，一九八〇年十二月常规机组安装完成并启动验收。均比原计划提前一年。共完成土石方开挖、填筑七百五十二万立方米，混凝土浇筑二百八十万立方米，固结、帷幕灌浆十万米，金属结构安装八千八百八十吨，投资比工程总概算六点八亿元节约五千万元。

潘家口水库是军民团结，顽强拼搏，艰苦奋斗，勤俭建国取得的丰硕成果。

中国人民解放军〇〇六一九部队

一九八四年十二月

潘家口水库工程碑碑亭（陈淑红　摄）

原中共中央总书记胡耀邦题字

潘家口水库烈士纪念碑

　　此碑矗立于潘家口水库大坝西侧,《潘家口水库建设志》碑北侧。碑身正面刻有"烈士英名永垂不朽"8 个大字,碑基正面刻有烈士名单。碑面高宽 120×210cm,碑基高宽厚 50×431×433cm。1997 年 3 月,国家水利部、海河水利委员会引滦工程局、潘家口水利枢纽管理局曾对该碑再次进行修缮,并将修缮时间勒刻于碑阴。

【原文备考】

（碑阳）

修建潘家口水库光荣献身同志名单

李万柱	副班长	二十六岁	中共党员	四川宣汉县人
宋健章	战　士	二十一岁	共青团员	黑龙江宝县人
冯宗明	排　长	二十五岁	中共党员	四川宣汉县人
王根劳	战　士	二十七岁	中共党员	陕西洛南县人
陈福林	战　士	二十五岁		贵州大方县人
郭佐明	班　长	二十三岁	中共党员	贵州普安县人
赛　德	战　士	二十四岁		云南耿马县人
谢志福	战　士	二十一岁	共青团员	黑龙江宝清县人
何成高	团司令部参谋长	四十五岁	中共党员	四川万县人
何光明	战　士	二十三岁	共青团员	贵州织金县人
康金太	战　士	一十九岁		辽宁沈阳市人
祝桂成	战　士	二十九岁	中共党员	四川巴中县人
彭昌国	战　士	二十九岁		四川资阳县人
白道海	班　长	二十八岁	中共党员	四川大邑县人
杨树林	战　士	二十八岁	中共党员	四川通江县人
张宏云	副班长	二十七岁	中共党员	陕西省商县人

潘家口水库烈士纪念碑（陈淑红　摄）

陈连荣	战　士	二十岁		辽宁沈阳市人
郭光荣	战　士	二十二岁	共青团员	贵州大方县人
张祥明	副班长	二十九岁	中共党员	四川宣汉县人
龚松柏	战　士	二十八岁	共青团员	四川石柱县人
张运成	排　长	二十八岁	中共党员	四川泸县人
黄加真	班　长	二十五岁	中共党员	广西上村县人
朱小平	战　士	二十四岁	共青团员	云南禄丰县人
李德军	战　士	二十二岁	中共党员	黑龙江富锦县人
梁　路	战　士	二十岁	共青团员	山东聊城县人
徐守同	战　士	二十二岁		山东平邑县人
卢凤全	战　士	二十四岁		贵州织金县人
刘银柱	班　长	二十八岁	中共党员	内蒙准格尔旗
郭树军	副班长	二十四岁		吉林兆安县人

| 杨顺炎 | 志愿兵 | 三十岁 | 中共党员 | 广东潮安县人 |
| 陈作茂 | 工　人 | 四十六岁 | | 四川乐至县人 |

中国人民解放军零零六一九部队

公元一九八五年七月立

（碑阴）

海河水利委员会引滦工程局

水利部修缮

潘家口水利枢纽管理局

一九九七年三月

大河山赵炳墓志

　　此碑 1969 年发现于迁西县大河山赵家墓地，现存迁西县洒河镇大河山一农家。高70cm，宽44cm，厚12cm。碑文已出现严重磨蚀，全文 11 行，总量不详，83 字尚可辨识。

　　中共迁西县委宣传部主办的《今日栗乡》2004 年 63 期第四版发表的《考古新发现——元代名相赵炳父子乃迁西县大河山人》（陈环赵印山供稿）一文，对赵炳身世及其墓志的发现过程曾进行过详细报导。

　　2001 年 10 月，迁西县洒河桥镇大河山村的退休工人赵印山在本村农民赵现哲家发现了一块石碑，报告了县文物管理所。县文管所从速派人进行了调查研究，认定，此石乃是元代名相赵炳的墓志，很有考古价值。

　　原来，早在 30 多年前的 1969 年春，赵现哲等在大河山赵家祖坟东老坟种地时，铧犁偶然翻出了一块古砖，砖下露出一个洞，细察原是一口墓穴，穴中仅有墓志一块。当即，赵现哲将墓志运回家中。此石高 70 厘米，宽 44 厘米，厚 12 厘米，呈长方体。30 多年来，

赵家用此石挡过猪圈,垫过电锯,磨蚀严重,许多刻文已漫漶不清。经专家辨认,大部分刻字如下(墓志摩拟样式):

将墓志铭与《迁安县志》相互对照就不难发现,赵炳生前的官职、逝后谥号"忠愍"以及其子"仁荣"等有关记载均符。由此证明,县志记载属实,元代良相赵炳之墓葬在现迁西县洒河桥镇大河山村。由此肯定,赵炳确系今大河山村赵姓族人的先人。

【碑文备考】

忠愍公

故中奉大夫,安西王相兼京兆路总管,府尹,昭勇大将军,济南路总管,辽东提刑按察使,兼管陕西五路、西蜀四川课程屯田事,资善大夫,中书左丞,……忠愍公□大人赵氏……

□男仁表、次男仁轨、□男□□……

至元二十二年十月

注释:

1. 中奉大夫:元代从二品官。

2. 总管:古代官名,为地方高级军政长官、军事长官或管理专门事务的行政长官。

3. 府尹:府级的最高长官。

4. 资善大夫:元代文职官阶,正二品。

5. 至元二十二年:公元1287年。

忠愍公

故中奉大夫安西王相兼京兆路總
管府尹諸軍奧魯總管領營繕使
兼管陝西等路西蜀四川諸邑課程
屯田事趙炳　贈
資善大夫中書左丞　　志曰
忠愍公　夫人□氏

長男仁表　　次男□氏
次男仁軌　　次男□□
次男仁榮

至元二十二年十月□□日墓志

赵炳墓志碑文

赵炳墓志

七、旅游景点

潘家口水库景区

潘家口水库景区是"潘家口旅游区"的一部分，主要包括水库大坝、电厂、工程碑亭、烈士纪念碑、飞流瀑布、长城、兵器所遗址等7个景点：

1. 大坝。最大坝高107.5米，顶长1,040米，最大坝底宽90米，坝顶宽7米，其上可容2辆汽车并驶，体积261.2万立方米，是我国第一座最大的低宽缝混凝土重力坝。主坝中部有4个4×6米的泄洪弧形闸门，最大泄洪能力3,100秒立方米。闸门上方，两侧为溢洪道，左侧11孔，右侧7孔，最大泄洪能力53,100秒立方米。坝东有巨幅滦河流域图。

2. 水电厂。为坝后式电站，有4台发电机组，其中1台常规机组（15万千瓦），3台蓄能机组（每台9万千瓦，属华北电管局），以22万伏高压并入京津唐电网。电站后面的山坡上有开关站。在这里，高耸的铁塔，一条条银色的电线，将电流传送到长城内外的城市乡村。

3. 工程碑亭。位在大坝西侧的山包上，呈四方形，大理石铺面，上下两层。下层为凉亭式观赏亭，上层为潘家口水库工程碑。碑为大理石面，碑阳有胡耀邦1985年题写的"潘家口水库"5个鎏金大字，碑阴有《潘家口水库建设志》。

4. 烈士纪念碑。矗立于工程碑亭之北。碑身有"烈士英名永垂不朽"8个鎏金大字，碑基有31位光荣献身者名单。

5. 飞流瀑布。此景见于水库开闸泄洪之时。届时，滦水从溢

洪道闸门奔腾而下，悬空倒泻，浪翻涛涌，飞珠溅玉。

6. 长城。自喜峰口沿库区南岸山峰一路蜿蜒而来，在此折而向北，直至小河口，横跨库区达十几公里。其间，城堡、敌楼、城墙、墩台、水门、垛口逶迤相连，堪称万里长城的缩影。水库蓄水后，长城在此一头扎入水中，又从另一头跃然而起，形成世界上独一无二的水下长城奇观。

7. 兵器所遗址。在库区西北一座山的半山腰上，为一围城。明代曾于此打造和储存兵器。

　　　　（选自《唐山文史资料大全》迁西卷，潘秀华整理）

潘家口水库大坝外侧（马振　摄）

潘家口水下长城

　　潘家口水下长城，是明长城的一部分。长城自喜峰口沿着库区南岸的山峰婉蜒向西，经潘家口折向北面山峰，直至小河口，横跨库区达十几公里。这段长城有巍峨的城堡、敌楼、箭楼，有坚固雄伟的城墙，有墩台、水门等建筑，形成了一个完整的防御体系。可以说是万里长城的缩影。潘家口水库修建后，喜峰口、潘家口城堡淹没于水中，万里长城从湖中穿过，形成了世上独一无二的水下长城奇观。当您登高远眺或泛舟湖区，只见四面青山，峰峦叠嶂，雄伟的长城，依山顺势，沿着湖区的山峰跳跃飞腾，特别是当长城穿越潘家口、喜峰口两处库区时，从高山上婉蜒盘旋而下，直入湖底。此时此地，万里长城，恰似一条巨龙，头扎在湖里饮水，身子还在山上盘旋。其壮丽景色，举世无双。（马振　搜集整理）

潘家口水下长城（王爱军　摄）

塞上海山水风光旅游区

　　塞上海山水风光旅游区是以潘家口水库水利工程为依托而形成的。潘家口水库是我国重点水利枢纽工程，总库容29.3亿立方米，坝头到承德柳河口可行船75公里，是国家重点水利风景区。两岸奇峰峭壁，景点密布，有蟠龙洞、一线天、龙门玉锤等60多处自然和人文景观，素有"百里画廊"之称。"高峡截断出平湖，长城入水化蛟龙。"雄伟的长城在此被湖水淹没，形成了万里长城绝无仅有的"水下长城"奇观。（马振　搜集整理）

百里画廊（王爱军　摄）

大沟山水人家

　　大沟村位于迁西县北部，紧邻潘家口水库大坝，是一个以生态休闲为主的"山水人家"乡村旅游特色村。

　　这里自然风光秀美独特，山间植被茂盛，松林如黛，住房依山而建，一条溪流穿村而过，构成了一幅江南"小桥流水"的画卷。人文景观别致有趣，门景区和农家院错落有致，别具一格。现有20户星级农家院，可一次性接待300人。农家风情朴实热忱，您可以徜徉在青山碧水之间，沐浴天然氧吧的清风，尽情品尝大锅炖鱼、自助烧烤、农家炖柴鸡等特色美食。（马振　搜集整理）

大沟山水人家（马振　摄）

勇跃垂钓休闲园

在洒河桥镇大河山村北，农田小路旁，浩浩滦河边，挺立着两栋漂亮的民房，民房西侧有两个方方正正的碧水池，这就是"勇跃垂钓休闲园"。目前，园内有两口大小对称的鱼塘，塘内分别放养着鲤鱼、草鱼、青鱼、鲫鱼供游客垂钓。支杆池塘边，享受着大树的清凉。纵目四周茂盛的果树林，碧绿一片；俯瞰池塘里倒映的蓝天白云，清新若画。身临此境，您一定会将工作的羁绊、生活的烦恼统统丢弃，全身心浸润着绿叶的抚摸，接受着和风的亲吻。

（马振　搜集整理）

勇跃垂钓休闲园（马振　摄）

赵炳纪念馆

赵炳纪念馆，坐落在华北赵氏重要发祥地之一的迁西县洒河桥镇大河山村村西。这里群山龙盘虎踞，一水波平如镜，山水相依，风光秀美。纪念馆总占地面积约5000平方米，投资100万元。已建成仿古大殿265平方米；大殿飞檐斗拱，金碧辉煌，庄严宏伟。殿内安放历代赵氏英贤和赵弘、赵炳父子铜像；殿内墙壁绘制精美的赵炳事迹连环画。院内东西南北四侧建成碑墙，上面已镌刻近50名历代赵氏英贤事迹；大殿廊下安放赵弘和赵炳父子纪念碑，台阶两侧安放着为国为民做出重大贡献的赵国柱和赵兰亭的纪念碑。院外将建成赵氏文化广场。

在纪念馆筹建之初，得到时任全国政协副主席的郑万通的亲切关怀。他了解到迁西为赵炳建纪念馆的事，欣然为赵炳纪念馆题写了馆名。

这项工程耗资巨大，幸有赵氏有识之士、企业精英和广大宗亲慷慨解囊，特别是洒河桥镇党委政府和大河山村党支部村委会的大力支持、县旅游局、县文广新局等单位具体指导，方有现在的规模。

工程竣工后，这里将成为纪念赵氏英贤的圣殿，各地族人心灵向往的中心，教育子孙后代的基地。更可预期的是，具有浓厚历史文化底蕴的大河山将成为迁西旅游观光的又一胜地。

赵炳纪念馆欢迎您的光临！（赵印国　提供）

（赵印国　提供）

全国政协原副主席郑万通题字（赵印国　提供）

八、往事回眸

迁西县橡棋公司

迁西县橡棋公司位于洒河桥镇区铁路桥东侧，建于1974年，属县乡镇企业局，为村办集体企业。因主要生产各种规格的橡棋而名。

占地面积7.3亩，建筑面积1200平方米。有职工120人。有木质工艺栏杆（木椅腿）、橡棋加工、装潢、组装四个车间。当时固定资金4.3万元，流动资金20万元。主要产品有"冀潘牌"（7种13类）橡棋；木椅腿、各种办公桌椅、民用木器家具。另设有汽车、拖拉机修理部。年生产橡棋20万副，木椅腿20万根，年总产值25万元。橡棋销往全国各地，木椅腿出口法国。

冀潘牌橡棋，采用本地牛筋、苦柳等硬质杂木，经旋床加工、剖光、着色、打字等工序精制而成。以其木质坚硬、表面光洁、字体清晰俊秀、外形美观大方等特点赢得用户喜爱。畅销全国各地，部分出口。1986年获得中国乡镇企业出口产品展览会荣誉证书。（马振　搜集整理）

洒河铜矿

洒河桥铜矿矿址在洒河桥村北。1958年和1969年，地质部门先后两次进行勘测，认为有一定开采价值。1978年经河北省革委会批准，省冶金工业局审批，省有色金属公司于同年4月组成矿山建设指挥部，开始组织建矿。于1981年4月建成，共投入资金

426万元，其中生产性投资318万元，非生产性投资108万元，打坑道4168米。经过坑道揭露计算，发现矿山实际储量和品位都大大低于勘测的标准，开采价值很小。最后经请示上级，批准闭坑。1984年，转产加工铁矿石，生产铁精粉。隶属迁西矿山公司。（马振　搜集整理）

洒河铜矿旧址（马振　摄）

洒河桥中学

洒河桥中学前身是迁西县林业技术中学，始建于1956年8月，校址位于洒河镇区西部，属迁西县文教局。最早为小学改建初级中学，属洒河桥完全小学校，设三个初中班。1958年，改为国办初级中学。1968年，撤销初中班。1969年开设高中班，称洒河桥中学。1984年改为迁西县林业高级中学。占地面积29.6亩，建筑面积3000平方米，有教学楼一座。当时有教职工56人，初中双轨，高中双轨。在校生 285 人。后来不断发展扩大，建筑面积，招生规模都有壮大。为国家培养了大批人才。2005 年，洒河中学合并到迁西二中，学生及教师一并迁到迁西。（马振　搜集整理）

全国闻名的背篓精神
——洒河供销合作联合社往事
顾树东

2006 年新春佳节，正当全家老幼欢度之际，我收到了原迁西县文化馆馆长葛彬寄来的一张照片。这张老照片，记录着 20 世纪七十年代初老背篓女赵海芹和大学毕业后重返洒河桥供销社的年轻背篓女傅艳玲等，在崎岖的山路上踏雪送货的情景。看着照片，高兴之余，不禁勾起了我对建国初期和 20 世纪六七十年代老一代供销社人艰苦创业的回忆。

背篓精神——合作社的胎记

洒河桥这个小山镇，东连喜峰口，北有潘家口、龙井关，是洒河与滦河的汇合处。传说原名"洒河店"，只有几户张姓人家。清朝乾隆皇帝来此狩猎，看到此地是通往关外的要道，又是滦河水路上通承德、下至滦州的必经码头，于是下旨把集镇从汉儿庄迁到了洒河桥，从此商贾云集。最繁华时期有坐商 150 多家，码头停舶货船 120 多条，有名的酿酒烧锅 5 大家。但后来，由于军阀混战，日寇侵略，实行"三光"政策，这个集镇日渐萧条，乃至破烂不堪。日本投降后，这个山镇成为共产党八路军的解放区，重新恢复了生机。

1947 年土改后，贫民团把斗地主富豪尚未分掉的财产折卖，凑集了资金，成立了保管合作社。

怀念艰辛的岁月温故知新

背篓精神代代传·树科学发展

观以服务三农为根·诚信创辉

为本重振供销合作社雄风·

二○○六年秋 新疆

毛泽东 古希

六、七十年代，河北省迁西县洒河桥供销社"背篓精神"闻名全国。1958年出席全省财贸群英会，1978年出席全国财贸先进代表会，1980年受全国总社嘉奖。因为模范营业员赵海芹（右二）和大学毕业后自愿供销社当营业员的付艳玲在背篓送货路上。

葛鹏供影

　　1948年，由于国民党顽军对解放区扫荡，派大批飞机轰炸解放区集镇，闹得民不聊生，白天无人赶集上店，只是夜里点着油灯，以物易物进行交换。因此,许多村自办的合作社相继倒闭。1949年初,区委书记赵志华发动各村群众入股,在洒河桥最有名的杂货店德顺隆原址,组建了第四区供销联合社。记得父亲背了30斤小米去入股,领回一本印有大红五角星的社员证。从这以后,妈妈常常带我拿社员证去合作社领棉花纺成线,交给合作社换回米吃。我也常拿社员购货证去合作社买火柴、食盐等日用的东西。入了社享受优惠价,年终按股分红。由此,合作社这个组织名称,在人们的心目中印得越来越深。

洒河桥供销社人背货篓,爬大山,全心全意为农民社员服务的精神,在办社初期就已显示出来。1953年9月,我当了西城峪小学的代课教师。任教的第三天是个星期天,太阳刚钻出南山头,我信步走到操场上,正专心致志地观赏塞上风光,忽听村里一阵吵吵嚷嚷,随之传来喇叭的广播声:"供销社送货来啦!"霎时,小小山村沸腾了。我走进村中一看,是洒河桥供销社李占瑞股长和三个年轻人,一个人推着独轮车,一个人挑着货担,俩人背着货篓,起大早从30华里外的一个镇上爬山涉水而来,正汗流浃背地忙着摆摊呢!一会儿,村干部端来了开水,村民们拿来了板凳、门扇,帮着搭好了案子。不到中午,他们带来的食盐、碱面、煤油、火柴等日用品就卖光了,同时收购了十几麻袋的药材、蘑菇、皮张等。四个人带不动,又叫村干部雇了两个驴驮子。当时,山区交通不便,距离集镇较远的人家都住在沟沟岔岔的山里。农民多么需要供销合作社登门购销服务啊!

20世纪60年代洒河桥供销社人送货下乡

老背篓深山探宝记

在洒河桥地区境内,有三座有名的大山:皇太子山、窟窿山和三十二窠堖山,均方圆几十里,海拔六七百米以上。这些深山老林蕴藏着许多宝贵资源,只因山大林深,交通困难,长期未能开发利用。

1956年,解放战争时期曾在源丰号(原冀东贸易公司分支)工作多年的张绍庭任洒河桥供销社党支部书记,抗日时期曾任西水峪村武委会主任的张贺勤任主任。人们称他们是"老背篓"。宽城县亮甲台供销社主任郑连玉"四探都山,组织百宝下山"的事迹,使二位领导深受启发。理事会上,他们提出了组织一支10人探山队伍,勘查三座大山的想法,得到了理事们的一致赞同。1957年7

月，由书记、主任领队，带着枪支、弹药、钢叉、货篓，装上所用的斧、锯、镰、镐等工具，背上干粮、水壶，冒着酷暑，踏上了探山的征途。

七天的深山探宝，行程500多里，寻觅到梨花豹的踪影和狼、狐、狍子等多种野兽，收集样品、标本120多种。除大量可间伐采集的木柄材、荆、横、槐、桑条和几十种野生药材外，还发现了野生猴头蘑菇、人参、灵芝、弥猴桃等珍品。一周的奔波，十人虽然脸瘦了一圈，个个带伤，两脚起泡，走路一瘸一拐的，但看到采集来的丰硕成果，还是个个笑容满面。老背篓们把这些样品经过加工整理，又组织十几名推销员，身背样品奔向大城市，踏上了推销山货的征途。他们走遍了京、津、唐的大厂矿和土产日杂店，签订了销售合同。于是，一场组织群众上山采宝的活动打响了。通过采集山货土产，山里的农民增加了收入，采购站货品堆集如山，车拉船载，源源不断地运往大城市。从此，留下了"填不满的唐山窑，拉不败的洒河桥"的美传。

接着，他们又去行唐县学回"十大培育"、"十大加工"、"十大开采"的经验，具体谋划了供销社扶植农民从吃山、养山到治山的方案。根据这一方案，他们首先深入到三十二窠崂山下最贫困的桃园村，建起了"五大培育"（羊、牛、猪、鸡、兔）和"八大培育"（栗子、核桃、安梨、红果、大枣、大叶桑、荆条、紫穗槐）的基地，为繁荣农村经济，帮助农民脱贫致富，开辟了新的门路。供销社与农民的关系越来越密切。

秋收过后，北风渐渐南下，吹得满山的松柏更翠，吹得遍野的栗叶更红。在这丰收之后，秋高气爽的日子里，供销社从唐山请来评剧团，一华里长的大街搭上席棚，一年一度的秋季物资交流会开始了。评剧团由著名演员高艳敏、范金亭等演唱《小女婿》、《杨三姐告状》等剧目。山里许多人是头一回看到这样的好戏，奔走相告，场场暴满。货棚摆满了各种各样的日用百货和生产生活用品，购买者人潮如流。收购站更是挤满了人，有的赶着猪、牛、羊，有的推着干鲜果品，有的背着皮货、药材，忙得售货员、收购员中午顾不上换班吃饭。这时，一位身材高大、脸膛黝黑的老大爷背着一个冒着热气的大帆布兜子，走完这摊儿到那摊儿，给吃不上饭的营业员递红薯："先吃点，垫垫肚子，下午还会更忙！"他，就是下洪寨村的社员代表安良。5天的物资交流会，他天天从家里背一兜子红薯在各摊上转，一来用红薯给营业员充饥，二来观风瞭哨，怕售货员忙时顾不过来，有人偷拿合作社商品。初期，供销社就是这样靠农民入股和支持，才日益发展壮大的。

20世纪60年代洒河桥供销社模范背篓女赵海芹送布匹到山村

帮农致富

1974年，吴胜春同志来到洒河桥供销社任书记兼主任。他的到来像春风一样，把"文革"时期所残留的东西全部吹光。他的想法是：要发扬光大"背篓精神"，就要全心全意搞好服务，帮助农民发展生产，由穷变富，不能让合作社眼皮底下的老百姓受穷！他多次跑到县里疏通，把原来的老书记张绍庭又调回来当了主任。

老背篓回来了，新背篓又涌现了一大批。大伙人心齐，主意多，干劲足。于是，在原来职工包队"定人、定村、定时、定线路"下乡购销服务的基础上，又谋划出了"五帮十服务"新举措。

"五帮"是：为扶植农村发展多种经营生产，帮规划当参谋、帮管理建制度、帮原材料购进、帮资金借贷、帮产品收购推销。

"十服务"是：提供技术、信息、咨询、加工、租赁、运输、储藏、修配、兑换、信托服务。

洒河桥镇上的一、二、三村，经过"文革"的几年折腾，"穷得冒了烟"。有的生产队劳动日值才一角七分钱，国家发给了购粮证，竟因缺钱买不起。新老背篓们一齐行动，四处奔波，寻找副业项目。从丰南县调来了一批加工出口猪鬃的下角料——猪毛瓢子，帮助三村搞起了纺猪毛绳加工副业；从乐亭县请来师傅办起了扎竹扫帚、大笤帚、打麻绳等多项加工业；还把妇女组织起来，开办了服装、帽子加工厂。从大山里和关外，组织收购了一大批牛筋子、苦榴子等山木，扶植二村办起了以生产象棋、木柄把为主的木具加工；利用供销社收购的废旧物资，帮助一村办起了以铁器产品为主的加工项目。使小集镇实现了人人有活干，天天有收入，农民逐步富裕起来。

三村户户纺起猪毛绳，不到一个月，即产出二万多条。为了把这些产品及时推销出去，不压在农民手里，供销社推销员张会臣骑着自行车，驮着猪毛绳样品，踏着积雪，半个月时间走了辽宁、承德地区的200多个山区供销社，行程3,000里，不但把现存的猪毛绳全部找到买主，还签订了50多份常年定货合同。二村办木器加工厂，缺电机，又是他六下唐山，购回了7台各种型号的电机，保证了木器厂按时开工生产。

20世纪70年代洒河桥供销社模范背篓女赵海芹和同事们送货下乡在滦河岸边

汗水润"珍珠"

迁西以盛产"京东板栗"闻名于世，出口量占全国的四分之一，占全省的二分之一。其中，洒河桥地区产量就占全县的三分之一。这里是含金、铁的片麻岩土质，日照和降雨量适宜，白天与夜间温差明显，所以结出的栗子个头均匀，甜糯可口，被国内外称作"东方珍珠"，远销日本、东南亚和欧美。

正当供销社的新老背篓人为各村发展板栗生产东奔西忙的时刻，曾任县社财务科、办公室主任的李作九同志调任洒河桥工委书记。他独具慧眼，来到供销社和大家讲："洒河桥发展板栗得天独厚，国际国内市场销路好，又是供销社的主营业务，一定要下大力气把农村的板栗生产扶植好。"

李书记在下乡调查中发现，盛产板栗"四大峪"之一的杨家峪村，在有关部门的支持下，大力发展幼树栽培，把山开挖成象梯田似的水平沟，使土不下山，水不出圈；水平沟外沿栽上紫穗槐，沟沿里头植栗树，幼树期还种植红小豆，可以说果、粮、条、肥四得利。他认定了这是山区致富的一条路子，给它起了个名字叫围山转。

在工委的大力倡导下，各乡各村齐动员，一场大挖围山转的战役打响了。供销社这个坚强后勤紧跟不舍。每个分社都配备了一名林果技术员，专门负责发展板栗生产的技术服务。供销社副业股有三名水平较高的技术员，常年蹲点在扶植基地村。供销社还拿出千斤板栗，在各网点利用大院的闲散土地，培育了大量树苗，廉价供给各村队。

汉儿庄乡张庄子村，两架山上栽植的栗树连成片。正值盛果期，村民们盼望着能浇上水，实现稳产高产。供销社果树技术员李明新经过多次勘察，提出从山后引洒河水上山。供销社一次拿出5万元扶植金，帮着这村买来抽水设备，架设管道，然后埋"滴灌"到每棵树下。

距离供销社7里远的滦阳乡小寨村，一百几十户人家，人均不足一亩地，可山场面积广阔，不下万亩。群众发扬"愚公移山"的精神，不管严寒酷暑，一年四季挖山不止。供销社的新老背篓们，也利用早晚时间，带着干粮上山，手抢锹镐，与群众并肩战斗。并按村子的计划提前把工具、炸药、树种、树苗送上山。这样一干就是三年，小寨人硬是将万亩荒山挖成了像天梯似的围山转，栽上了100万株栗子树，被中央林业部门列为首都周围绿化工程之一。

为了使围山转新栽的栗树提高成活率，提早结果效益，果树技术员李明新在这村一住就是二年，亲手传授嫁接、剪枝技术，亲自上山指导幼树越冬管理。

洒河桥地区大搞围山转的经验，推广到全县、全省、全国，被中央列为山区综合治理的典范。这里的板栗产量由20世纪六十年代的 1，000 多吨，增加到 3，000 多吨。山变绿了，农民富裕了，群众都说，这 10 万亩的层层围山转，都留下了供销人的足迹；这新栽的千万株栗子树，都洒下了"背篓人"的汗水。

20世纪70年代洒河桥供销社模范背篓女赵海芹与姐妹们送货途中

公仆背篓

洒河桥供销社的"背篓"之所以能长背不懈，之所以能久久发光，不能不提到一批领导干部的热情扶持和言传身教。他们那种深入基层，心怀群众的公仆形象，给洒河桥山里人留下了难忘的印象。

深入洒河桥供销社指导工作最多的县级干部，是分管财贸的副县长周士凤。他高高的个子，白里透红的皮肤，方脸阔鼻上戴着深度的近视镜，说话轻声轻语，看上去很象一位学士。1961 年 6 月恢复迁西县建制不久，他独自骑着自行车来到了洒河桥供销社。次日刚用毕早饭，就与张绍庭书记一起深入山村搞调查研究。4天时间走访了16个村，有深山里的西水峪，盛产板栗的"四大峪"，最后来到人多地少的喜峰口边镇。当时，群众吃不饱肚子，很多人得了浮肿病。周副县长走到哪里，总是与群众吃住在一起，白天查实情，晚上找村干部和社员代表座谈。

一次，住在三台山村老社员代表谢君偿家。谢君偿怕县长吃不饱，夜里饿，从家里拿来一大把风干栗子。周副县长用手帕把栗子包起来，装进帆布兜里。起初，我还以为他舍不得吃，带回家给孩子吃呢。第二天回到供销社，他掏出那大把栗子，叫我用报纸包好，给住在供销社西院的单身汉吴正清（乳名马拴）送去。原来，周县长早晨在大街上散步时曾遇见他，他双腿肿得老粗，胀得明亮，拄着拐棍行走。周县长说："人们常说一粒米可度三关。这把栗子让他用水煮煮吃，说不定浮肿就退了。"当时，我的双眼湿润了，多么好的县长啊，他心里时刻装着百姓。

经过9天的调查，周县长在供销社领导班子会上提出：把小集镇上的"能工巧匠"组织起来，发展小商品生产，一为农民增加收入，二为市场提供货源。要组建贸易货栈，开展议购议销自营业务（计划经济之外），与大城市商业联姻，搞活商品流通。

一度沉闷萧条的山镇沸腾了。集镇上的能工巧匠从供销社取来原料，办起了烘炉、木杈、木梳、编织、竹器加工等20多个作坊，断档几年的竹耙子、烟袋锅、头网罩、皮腰带等等小商品上市了。

在周副县长的协调下，贸易货栈与唐山开滦矿消费合作社联了姻，从唐山运来500多米胶管子，100多个旧轮胎，上千件旧工作服，还有瓷器、水泥、铅丝、铁钉等，换购农民完成派购、定购余下来的板栗、核桃、松蘑等农副产品。城乡合作社的联姻，解决了两头的急需。人们说，是周县长给咱搭上了这座工农联盟的桥。

唐山地区分管财贸的副专员曹子栋，是一位解放前就从事地下经济工作的"老供销"。20世纪六十年代初的一个盛夏，他坐着

一辆吉普车,一大早就从唐山跑200多华里,来到洒河桥供销社,正赶上赵海芹等4人推着货车背着货篓要下乡。他下车后,抢下个货篓就要和我们一起去下乡购销。支部书记张绍庭觉得他起大早赶来,又坐了三个小时的车,天儿又热,他又胖,劝他休息一下,明天再一起下乡,可就是拉不住。

这一天,按"四定",下乡点是15里外的安家峪。这村共有120多户人家,居住在森林茂密的七沟八岔。去这个村,山不算高,需翻一座岭;路不算险,得趟一道河。曹副专员刚爬上山岭,已经汗流浃背,气喘吁吁了。大伙不忍心再让他背货篓了,可他说啥也不干。后来,海芹交给他一个修理农机具用的小工具箱,换下背篓。拿到这个工具箱,曹副专员就不撒手了。

翻过头道岭,来到蔺家沟。购销活动一开始,曹副专员就到收购摊上帮忙,用手掏收购旧鞋里又脏又臭的泥土,用工具箱里的钳子和改锥起旧鞋上的钉子,并不时念叨:"这旧鞋是造纸原料,别小看这钉子。弄不好会损害工厂里的大机器!"

来到小北沟,曹副专员又和赵海芹一起串户登门服务。当串完了这山村的家家户户,太阳已经搭山了。

因为收购了几麻袋废旧物资,回来背的、担的、车上装的,比去时还重。爬到岭上,个个大汗淋淋,湿透了衣裳。在岭上休息时,曹副专员给大家讲:"现在我国处于经济困难时期,物质不丰富,我们供销社人要千方百计为农民服好务,尽量满足社员的需求。"

曹副专员亲自背篓的行动,激励着洒河桥供销社百名职工。从这以后,赵海芹身背铁锅送到山里漏锅的家门,王升久修水车三下深井,李文章抬着大缸送往小官庄。

在曹副专员的启动下,地区供销社主任韩景贵及科长级干部纷纷来到这里背篓体验生活,使洒河桥供销社为社员服务的"背篓精神"得到大发扬。

国务院财贸办公室来洒河桥供销社调查的臧晓珍,人们都管他叫"臧局长"。他五旬开外,中上等身材,浓眉大眼,黑脸膛,操着不浓的南方口音。时值 1961 年严冬，一场雪后，山川素裹。他在周士凤副县长的陪同下，白天踏着积雪找农民、找社员代表、找供销社老职工座谈，晚上在煤油灯下写东西；与职工一起排着队，端着碗筷，到食堂买饭；与职工一起背篓、挑担下乡搞购销。很快与职工打成一片。至今，在洒河桥供销社的老职工中，还记着臧局长爱吃鱼头的事。那年，保定白洋淀来了十几个人，带着船和鱼鹰到滦河扑鱼，采购站收购了滦河鲤鱼 2,000 多斤。腊月二十三"小年"那天，食堂炖了一大锅七八两一条的鲤鱼。臧局长买了两条，提出用鱼身子跟职工换鱼头。门市部的几个女售货员围拢来，要把鱼头夹给臧局长。这时，伙房老师傅薛振祥盛了一勺子鱼头放进了臧局长碗里。臧局长就着玉米饼子吃了一大碗鱼头，随手补交了一元钱饭票。薛师傅不肯收，臧局长风趣地说："老师傅，你拿勺把子是有权，可不能叫我犯多吃多占的错误呀！"薛师傅翘起大拇指："从心眼里佩服！"

臧局长与职工、农民一起生活了几十天，以国务院财贸办公室工作组的名义，写出了一篇长达万言的《一个受社员热爱的供销社——迁西县洒河桥供销合作社调查》。初稿完毕，他找来副县长周士凤、工委书记金云亭、供销社理事会成员和部分社员代表，逐段核实。

就这样，他带着这份调查，登上班车回京了。这份调查，李先念副总理做了重要批示。时隔不久，《人民日报》一位姓王的副总编，带着二名记者来到洒河桥供销社，写出了《买卖做得活跃》、《民主勤俭和讲求经济核算》等三篇调查报告，先后在《人民日报》显著位置发表。从此，洒河桥供销社的经验在全国传播开来。

20世纪70年代洒河桥供销社模范背篓女赵海芹深入山村收鸡蛋

结　语

　　在撰写这篇文稿时，我一直在思考："背篓精神"的实质是什么；在市场经济的大潮中，供销社还要不要"背篓精神"。

　　我查阅了很多资料，认识到合作社不是社会主义产物，而是在资本主义市场经济大潮中，农民、工人等弱势群体，为防止资本市场的高利盘剥，自愿组织起来维护自己利益的群众组织。现在，国际上发达的资本主义国家，各种形式的合作社占有相当地位。

我想，"背篓精神"的实质就是坚持供销社的办社宗旨，全心全意为"三农"服务，真正办成农民群众自己的合作经济组织。

　　我想，在市场经济日益活跃，竞争十分激烈的当今，供销社应利用在集镇上的优越地理位置及相关基础设施，组建大型超市；在百户以上的大村，组建生产、生活资料小型超市。

　　由县里组建配送中心，统一价格，统一规格质量，让农民买上放心的农药、化肥、种子，放心的食品和质优价廉的家用电器、日用工业品。

　　在村子里设农副产品推销的经济人，依靠龙头企业和信息指导，让农民手里的农副产品卖个好价钱。从而，使今天经济繁荣、交通便利，村村通水泥路的山区，再现没有背篓的"背篓精神"！

　　（选自 2008 年迁西县委老干部局主编《金色记忆》。撰稿人顾树东，原迁西县供销合作联合社主任。）

北团汀散记

李林山

　　人无论到哪里都会怀念他的故乡，怀念生他养他的地方。特别是那些漂泊在外的人，到了晚年怀念之情更甚。北团汀村是我出生和长大的地方，那里的山川河流、风土人情总能引起我许多美好的回忆。但由于潘、大水库的兴建，它却永远淹没在了水下。乡亲们有的远迁，有的后靠，有的零星插队落户他乡。再过若干年，还有人能记起他们么？还有人能记起他们的先辈么？一个有着几百年历史的村庄会从此在人们的记忆中消失么？因此我思绪万千，有时竟难以入眠，于是写下了这篇《北团汀记》。谨以此篇献给我深深挚爱的故土，以及曾生活、奋斗在这片故土上的父老乡亲和英烈先贤们！

地理位置及建村经过

北团汀村在迁西县城北15公里。从村名就可以知道该村与水有关，团者围绕，汀者水边之小洲也，说明这是一个被河流环绕的村庄。而围绕村庄的这条河，正是北方的母亲河——滦河。滦河古称濡水，发源于河北省承德市丰宁满族自治县西北巴颜吐古尔山麓，向北绕经内蒙古正蓝旗、多伦，折而向南，经滦平、承德等地，在潘家口穿越长城入迁西境。又经丰富头、走马哨、杨查子、桃园、皇陵、马蹄峪、黄石哨，到大关庄村南与洒河相汇。再经洒河桥、杨家河沿、李家窝子、白塔寨、松岭，至大河山。在这里，河水因有大洪峪高山的阻隔向东拐了一个直角，流经5华里后至东营又被老北山阻隔向南拐了一个直角。北团汀的村址就在这第二个直角的西岸高地上。北面、东面紧靠滦河，河水缓缓流过。村南是一条平时干涸的河道，村民们称之为干河槽。如果夏季洪水很大，原有的河道容纳不下，滦水就会从大河山对岸的锥子山起始，分流到这条干河槽，再与主流汇合。每当这时，北团汀就成为四面皆水的孤岛了。

明朝开国以后，为了巩固北部边防，防止北方游牧民族南侵，大将徐达受命修筑万里长城。当徐达踏察到燕山南麓时，看到的却是几经战乱、杳无人烟的荒凉之地，故建议朝廷从山东、山西大量移民至此。在这次大移民中，我们的祖先李姓也从山东大柳树来到了今金厂峪镇的洪门店。在团汀吴氏祖先吴善携三子到团汀定居后不久，洪门店李氏家族的一支也来到了干河槽以北结庐而居，成为团汀吴氏家族的邻居。因村址在团汀之北遂取名"北团汀"，从此团汀也就有了南、北之分，干河槽中的巨大卧牛石也就成了南、北团汀的分界线。村名与附近的大河山、小河山这些姊妹村的来历大体一致。这样看来，北团汀村的始建时间也应当在明永乐初年。

据老人讲，我们的祖先从洪门店迁出后并没有直接到滦河西，而是携妻带子、挑着挑子先在滦河东山沟落了脚（此处名挑子峪，即源于此），然后才逐步扩展到滦河东岸耕种小片土地。继又开发了小北沟、大北沟、黄安峪、大黑石峪、小黑石峪、小安峪、大安峪、狍子峪、老鸹嗓、长河峪沟口等地，并将祖坟选定在了长河峪沟口的北山坡上，现在那里已建起了长河峪小学。一直到1946年，北团汀老坟还有很多大橡树。1948年曾砍过一棵，卖了钱，全村人喝烧酒、吃粉条炖猪肉，名为"吃老坟"。

后来，随着人口的增加，有一支分出，迁到了榆树峪。一直到现在，榆树峪村所有李姓人还都说自己是从北团汀迁来的，而且说长河峪沟口的坟也是他们的老祖坟。

北团汀除主村之外，在河东还有两个自然村。一个是柴火市，旧社会冬季拾柴的人特别多，无论去黄安峪、小安峪、大安峪，还是去狍子峪，回来时都要在这儿歇歇肩、抽支烟或到水泉喝点水，柴担摆得到处都是，像柴市一样，因而得名。原来这里没人居住。1933年长城抗战时南、北团汀曾是主战场，北团汀许多人家的房子被烧。李长青、李长春家的房子被烧之后，哥儿俩就搬到这儿盖了几间草房住了下来，这儿原来有他们家的地。再一个就是大安峪沟里的后梁，土改后改名富家峪，今已划归长河峪村，当年这里只住着李洪贵、李洪友等几户人家，他们是早年从北团汀迁出来的。

人口状况与姓氏构成

北团汀人绝大多数都姓李，而且同宗同族。据老人讲，从洪门店迁到北团汀的第一人婚后生有三子，后来分了家，各立门户，形成东、西、中三门。因为最初的族谱失传，至今已是第几代已无从查考。能查到的，只能上溯到清顺治年间，从那时起到现在共12代。这一结论的根据，主要是本村留下的一通乾隆三十四年（1769年）重修三义庙碑和村民李洪善留下的一本族谱。按族谱，李洪善的远祖叫李如玉，清顺治时人。李如玉生二子，长子李培基，次子李培

荣。二人与乾隆三十四年（1769年）重修三义庙碑文的撰书者李培初是同辈。李培基生李恭，李恭生李纯良、李纯古、李纯壹。李纯古生李起旺，李起旺生李献如、李献魁。至"献"字辈，则可以找到比较齐全的族谱了。但是，从山东老家移民到洪门店的第一人是谁，从洪门店迁到北团汀的第一人又是谁，在现存碑文和族谱中并未能找到答案。而从明永乐初到清乾隆三十四年（1769年），前后300多年间，文字记载也是断档的。为此，我把希望寄托在了那些尚有记忆的老人身上，寻访过洪门店、榆树峪、黄石哨，还寻访过宽城县的椴木峪。可惜，由于年代久远，连95岁以上的老人都没有任何记忆。

经过500多年的繁衍生息，到1978年移民前夕，全村李姓已发展到130多户630多口人。因其中包括后来迁入的两支，所以我村李姓通常被称为"三门两支"。

李姓是一个古老的姓氏。史载："李氏，帝颛顼高阳之裔。颛顼生大业，大业生女华，女华生皋陶。"皋陶为东夷部族首领，尧舜时曾任大理（掌刑罚）之职，遂为理姓。他主持制订五刑，天下信服。舜帝以其至贤，欲禅位于他，但未及受位即病死。其后人理征至商纣时又为理官，因屡屡劝谏，为纣王所不容，遂招杀身之祸。理征妻契和氏携幼子利贞逃于伊侯之墟（今河南境），因饥饿不堪，见树上结有果实，遂摘了来吃，得以活命。后利贞畏于追杀，便以木子（李）救命之恩改"理"为"李"。后人说李氏是"指树为姓"，即由此而来。

本村除李姓，还有吴、魏、王三姓。吴即吴庆林，他是投奔姥姥家从南团汀来的。魏即魏顺祥、魏顺昌兄弟俩，王即王祥，他们是因给人扛活才到北团汀定居的。

早期的土地开发和水资源利用

北团汀的地理位置不错。河东有广阔的山场可供烧柴，河西有

800多亩平坦的河漫滩沙土地可供种粮。小北沟、大北沟、大黑石峪、小黑石峪、黄安峪、小安峪、大安峪、狍子峪、挑子峪、老鸹嗓、长河峪沟口，从北向南像扇面一样展开。老北山分水岭以西，鸭水峪以南，长河峪沟口以北，也全是北团汀的山场，约有5,000亩之多，内有大量的栗树、梨树、杨树、柳树、松树，还可以放牧牛羊。到土改时，年产板栗3万余斤，各种水果3万余斤，另有牛15头，羊50多只。

河上设渡口，有专用的摆渡船。除冬季封冻期外，春夏秋三季每天都在运行。摆渡船由私人建造、私人管理，为全村人以及附近过往行人服务。平时不收钱，每年冬季由船家到本村各户及附近各村打船粮。打船粮，是历史遗留的习惯。船家到本村各户去打船粮肯定没的说，家家都会尽力而为，就是到附近村庄也没有拒绝的，只是给多给少的事儿。因为人不辞路，虎不辞山。民俗以道德为基础，有时比法律更有效。经营摆渡的人家早年有李福太，后来是他的儿子李振东，再后来就是铁匠李福庆。李福庆经营的时间最长。日本投降后，口外到口里做小买卖的人特别多。从喜峰口、铁门关进来的宽城、八沟（今平泉县）的商贩到兴城赶集，北团汀渡口是必经之处。对这些商贩，李福庆可以临时收取过船粮，因而他家很快盖起了大瓦房。农业合作化以后，渡船不再由私人经营，而是转为村办，船工改为计工分，打船粮也就停止了。过河，对北团汀人来说是常事，因为河东山场的重要性不亚于河西土地。春天要种地、管果树，夏天要割绿肥、打畜草，秋天要打栗子、摘梨，冬季还要拾柴，加之长年放牧，所以北团汀人几乎天天都要过河，就连脱坯搭炕的黄土也取自河东小北沟的黄土坑。每年冬季河水封冻后开始走冰，家家赶毛驴驮土，堆在河西的沙滩上，来年春天即在沙滩上脱成土坯留着换炕。一铺炕的炕土粪能解决一亩地的肥料。所以，当地有"北团汀人三天不过河日子就不好过"的说法。

现在看来，我们的祖先先开发河东，后开发河西，是完全有理由的。想当初，一挑子挑到河东时人口很少，对粮食的需求也没那

么迫切，因为河东小片山地即可解决吃饭问题。而随着人口的增加，再这样就不行了，必须到河西开发更多农田。

　　土改前，除为数不多的几户人家外，多数人家或土地很少或根本没有土地，只好以耍手艺、卖苦力或到口外做小买卖为生。有的当木匠、铁匠、修船师傅，有的担八根绳，有的靠砍柴卖钱为生。有的实在过不下去，只好逃荒到外地。李洪岐家为本村有名的大户，人口不多，但有土地100多亩，长年雇用长工。魏顺祥一年四季在他家扛活，还有专门做饭的女工。哥哥李洪岐在家主持家务、经营土地，弟弟李洪印则专心经商。家有一辆马车，但不雇赶车的，而是自己当车把式。主要的不是给人拉脚，而是作为商业交通工具。他们在当地收购板栗、花生米运到唐山，换取布匹、食盐、大米、面粉回来到兴城、三屯营等地销售，取得不少利润。李洪岐发财的欲望极强，但对文化则不够重视，没有送子弟深造，而且视财如命，很少借贷，并因此引起了当地一些人的不满。一次，附近一个绿林人物探得李洪岐将带银元到兴城赶集，起早埋伏在了南崖。当李洪岐出现时，他执枪喝令李洪岐放下银元，可李洪岐却打起骡子就跑，结果胳膊挨了一枪，但仍骑着骡子飞奔。没得手，那人后来又对李洪岐实施了绑票。只是李洪岐闻声后又跑了，那人就把他小儿子李连会抱去藏在了一家做人质。后经李洪福、李维金说和，才花50块银元赎回了孩子。

　　李福生家土地也不少，也雇长工，但因后来误伤人命，被迫拿出了18亩好地做赔偿，土地一下子减少了。李春富家有土地20多亩，又做贩布生意，后来成为村里的富户。李春贵、李春友、李春余、李春和哥儿四个各有特点，春贵精明，春友贩布，春余教书，春和织布，家里有时也雇长工，也算有钱人家。李福芝家有土地30多亩。福芝、福旺哥儿俩当时还小，不得不雇长工，其实经济上并不富裕，属于长工吃干的、东家吃稀的那种家庭。李维城家土地不多，但因为长期贩布，儿子们又勤快，也不失为小康之家。李振林家有土地十多亩，哥哥去世早，他侍奉老母，尊敬嫂嫂，对子侄待若己出，全家 18 口人一起生活。因为很会做买卖，在北团汀也算是个能人，加之子侄们都很勤劳，日子也过得去。李维银家土地虽然不多，但长期在外做买卖，大儿子李福民又在承德驻地方，日子过得不错。但福民英年早逝，家道有些中落。李福云、李福安哥儿俩始终在一起过。福云字步青，有点文化，会兽医，通占卜；福安身体强壮，能使船。哥儿俩日子过得也还可以。福安现已 93 岁高龄。后街李福臣的父亲李明远，晚清时曾做把总，相当于现在的营长。到孙辈李洪顺这代家境就有点衰落了，但院子和房子还不失官宦人家的气派。

文化生活

北团汀村虽然不大，但三义庙却建得非常雄伟。大庙始建于何年不得而知，但毁于火灾之后，于乾隆三十四年（1769 年）重修，却有石碑为证。

大庙坐落在后街东头，坐北朝南。门前有广场，东侧有一副花岗岩制成的旗杆夹子，西侧有一株古槐。进庙门，顺甬路前行 20 米即是大殿，面阔 3 间，落地门窗，梁柱彩绘。内奉刘关张，两侧有关平、关兴、张苞、刘封、周仓、廖化等战将，壁上工笔彩绘桃园三结义、千里走单骑、温酒斩华雄、过五关斩六将、张飞鞭打督邮、三英战吕布、赵子龙单骑救主等壁画。殿前东侧有钟楼，内悬重达一吨的铁钟，光绪十二年六月铸造。大庙之北建有前出廊的后殿，面阔 3 间，内奉火神、药王、菩萨。

大庙重建后留有 3 通石碑，一通记述三义庙重修经过，一通记述钟楼修建经过，一通镌刻三义庙重修时捐助者和参与施工者名单。《三义庙重修记》的落款是："永平府迁安县儒学曾广生员本庄李培初拜撰并书，乾隆三十四年岁次己丑应重月中浣之吉立。"

大庙一直保留到 20 世纪五十年代初，后因村里办了剧团，拆除后垒了戏台。大钟毁于 1958 年大炼钢铁，石碑随移民迁到了唐

海，保存在李福安家和李春勤家，现已严重破损，文字已不清晰。

之所以把三义庙作为北团汀文化事业的头等大事来记，除了它是当时主要的教化形式，更重要的是想说明我们的先辈早在那个年代就有了较高的文化水平。试想，民国二十年（1931年）仅有60户人家的小村，如果再上推161年（乾隆三十四年），人口最多不过百余人，可是竟能筹措资金把庙重修起来。而且，修庙涉及设计、建筑、雕塑、石刻、书法、绘画、铸造等多方面人才，这些人少不得从外地聘请，但肯定有本村能人。

谈到文化活动，要算每年一次的亚高山庙会了。亚高山，在河东5里，上有道士。每年农历二月十九，各村花会齐聚，朝山进香者不断。各拨花会中，除了南团汀的武会（属少林派），就要数北团汀的秧歌和耍狮子了。耍狮子由3人进行，一人作狮头，一人作狮尾，一人在前耍权。耍权人在前面逗狮子兴起，狮子翻腾起舞，功夫很不简单。秧歌队全由青壮年男子组成，女角也由男子装扮。他们在锣鼓、唢呐声中翩翩起舞，煞是好看。起舞分集体舞和单项舞。集体舞由全体队员共舞，走编花寨等队形；单项舞由男女二人出场，组成双人舞，也叫"下出子"，如《捕蝴蝶》、《拾玉镯》、《傻柱子接媳妇》等。二月十九前几天开始排演，然后在大庙前的广场和街道预演，二月十九早起到亚高山上会。届时，各村花会都会使出浑身解数，争得更多喝彩。解放前夕，北团汀的地秧歌改成了高跷会。

每年冬闲时村里还会唱台皮影。影班子从外地请，随手（拉弦的）由本村瞎子李福德和半成眼儿李长林担当。唱皮影多数是由本村主事者张罗，费用由村中公款里出，或向有钱人家摊派。有时也有因为谁家有了喜事自己许一台影的。那时文化生活贫乏，冬夜看影几乎是大人小孩共同的享受。皮影有它独特的魅力，特别是它的连续性，一个故事可以连唱好几晚，看了上出想看下出，很有吸引力，就像现在的电视连续剧。孩子们看皮影还有另外的想法，就是场外总有卖绿豆丸子汤的，可以借机向大人们要点钱，大冷天喝上一碗，热乎乎、香喷喷的，也是平日里难得的享受。

还有一项活动就是撒河灯。撒河灯是中国传统民俗之一，时间在每年的农历七月十五晚上，主要是为了纪念传说中的女仙麻姑。传她为侍奉双亲一直未嫁，二老双亡后自觉孤苦无依，便在七月十五这天晚上投河而死。乡亲们念她是个孝女，便把蜡烛插在瓢上点燃，放在河里为她照亮。但北团汀人热衷于这一仪式可能还与另外一个传说有关，据说每逢麻姑与仙人王远相遇，沧海即会变为桑田，蓬莱之水也可退去，变成丘陵和陆地。因为每年农历七月正是滦河洪水期，饱经忧患的水边人家当然忘不了向麻姑祈祷，以求平安与幸福。河灯的制作方法是将红黄蓝绿彩纸剪成20厘米的方块儿，沿方块儿的中心线从边上剪开5厘米，再将剪开的部分相互搭接，用糨糊粘好，做成荷花状。再做一纸捻儿粘在荷灯底部，放干后在纸捻儿上点上食用油，使之上下浸透，放在水里不致浸湿。最后，再在纸捻儿上点上一些煤油。煤油和食用油结合，燃烧力很强，不会被风吹灭。当晚，人们将船在河中抛定，一边点燃河灯，使其顺流飘下，一边吹喇叭击鼓。刹时间，河面上烛光跳跃，五颜六色，一直漂到一里外的南团汀，场面非常壮观，全村老少都挤在河边观看。此活动一直延续到解放初。

新中国成立后，人民生活安定，对文化也有了更多需求。1952年有人开始筹划莲花落（评剧）剧班，发起者有李春和、李春芳、李洪生、李振全、李长林、李春生等。李长林通晓音律，会拉板胡和四根弦，跟过戏班，也跟过影班。活动地点有时在学校，有时在李春生（他也会拉弦）家。排演的第一个剧目就是《李三娘打水·井台会》。开始没有舞台，也没什么行头，人手也少，后来支书李福信热心组织，队伍逐步扩大，参加的人也越来越多，李春义、李洪星、李福彦、李五生、李洪森、李春英、李玉书、张玉兰、李瑞萍、李瑞芹等都参加了进来。掌鼓板的是李春海，化装师是吴庆林。随着剧目的增加，行头设备越来越好，后又拆了大庙，盖了戏台，买了汽灯，成为当时设备比较齐全的农村业余剧团。唱得比较好的剧

目有《打渔杀家》、《井台会》、《大劈棺》、《刘巧儿》、《审头刺汤》，还参加过县文化馆组织的农村业余评剧会演。李春芳的青衣，李振全的丑角，李春义的小生，李瑞萍、李春英的花旦，李洪生的武生，都小有名气。李振全还在全县会演时获得过丑角二等奖。该剧团"文革"时停办。

教育事业

说到北团汀的教育，谁是办学第一人，已无从查考。但要说我们这辈人所知道的，我村较早从事教育的人应当是李献生。他生于清咸丰六年（1856年），去世于1940年，享年84岁。他身材高大，聪明好学，精通四书五经，写得一手好字。曾准备参加乡试，但因母亲去世守孝三年，错过了机会。后在本村办私塾，开始当教书先生，教室就在他家的东厢房，内有两个高桌，几条板凳，设备极为简陋。学生，包括他的儿子们在内也只有八九个。课本，主要是《百家姓》、《三字经》、《千字文》、《孟子》、《论语》、《中庸》、《大学》。教书的方法是先断句（古文无标点，须先把句子断开），后领读，再讲解，让学生反复背诵。成绩不好者要打手板（戒尺）。几年后，因学生少而停办，后又被青龙县二道河村请去教书。若干年后，听从朋友劝告，改学中医。凭他的古文功底，背汤头歌、读《本草纲目》都不成问题。随后，打了药匣子，买了药碾子、药缸子，开起了药铺，当起了中医先生，在本村及附近村庄行医。从教书先生到治病先生，他一直被称为"先生"。他家教甚严，对子女们几乎到了苛刻的程度，谁少干了活或偷吃了东西都要挨棍棒。他极好干净，整个院子都用河卵石铺就，并种了花草，天天打扫。平时很注意保养身体，早晨要到村外散步、做操。民国二十五年（1936年）他家翻盖房子，那时他已八十高龄，还站到大篓子上在粉白的房山墙上书写了《千家诗》第一首："云淡风轻近午天，傍花随柳过前川。时人不识余心乐，将谓偷闲学少年。"即使用现在的眼光看，他的书法也是不错的。遗作一直保留到移民拆迁。他曾留下不少古书，包括医书，土改前子女们觉得没用了，就用大篓子抬到北河沿儿烧了。现在只有他用过的砚台和笔筒还在。

清代晚期，以康有为为代表的中国进步知识分子积极推动变法维新，虽然失败，但废除科举、推行新学却深入人心。早在清光绪三十四年（1908年），南团汀吴政玉（字树华）就带领本村知识分子拆除了大庙，办起了南团汀小学，并在辛亥革命之前就让那里的孩子开始接受近代教育。而在一里之外的北团汀却没有这样做，既没有像他们那样拆庙办学，也没有改庙办学，而是在大庙前后殿之间的东西两侧盖了厢房，建起了初级小学。西厢房4间，3间作教室，1间老师办公；东厢房3间全是教室。初级小学的牌子也没有挂到大庙的正门上，而是挂在了东面的偏门上。像这样庙校共存、钟声与铃声同在的局面，一直保持到新中国成立。

我村初级小学的第一任教师是南团汀的吴遇宏（字巨亭），第二任是河东黑窝子的吴克成。除此二人，在该校任教较早、任教时间也最长的就是本村李春风了。他是兴合堂当家人李振文的长子，生于1909年，毕业于山海关中学，1929年开始任教，1969年退休，教龄达40年。李老师品德高尚，多才多艺，不但教书认真，书法功底很好，而且还会唱歌、吹笛子。他教我们的第一首歌是《渔光曲》。那时孩子们没钱买楷帖，他就给我们打仿影，让学生们在上面铺上纸，照下面的字描。每当有卖笔墨的商贩到学校推销时，他都会精心地为我们挑选。日军占领期间，他带领学生坚持游击学习，敌人来了就跑，敌人走了就复课，教学始终没有中断。但土改后他家发生了重大变化，一家7口搬到了后街路南的3间小草房，生活虽然艰苦但教书热情始终不减，房屋虽然破旧但收拾得干干净净。

北团汀人受教育程度不低，应该说主要得益于我们的好邻居南团汀。它与我村仅一里之隔，是有名的文化村，不仅有初小、高小，还有职业中学，师资力量强，文化氛围浓。北团汀人可以到他们那里走读高小，就近享受良好的教育。远处的孩子也有住在北团汀亲

戚家而去南团汀走读高小的。接官厅的魏昌振，牌楼沟的曹殿阁，大河山的赵青松，青山口的张印英，后河东寨的张振义，都是吃住在北团汀，在南团汀读的高小。大河山、东营、上下毛家峪的孩子们，也都沾了我们这个好邻居的光。如果没有这个邻居，我和本村的李树林、李春田、李瑞英、李春森、李振国，还有与北团汀有亲戚关系的魏昌振、曹殿阁、赵青松、张印英等，都没有条件到更远的地方去读高小。没有高小文化程度，就没有机会考上初中、中学和师范，也就没有机会参加工作。就连比我们年龄还大的人，好多人也都受益于南团汀完小。如本村的李景池、李林森、李洪祥、李洪印、李国荣、李春明、李振廷、李春贵、李春余等，都是在本村读完初小，又就近到南团汀上的高小。在那个年代，有高小文化就算是有文化的人了。

土地改革

1945 年 8 月 15 日，日本宣布无条件投降，艰苦卓绝的八年抗战以中国人民的胜利而告结束。但从 1946 年下半年，国民党反动派撕毁《双十协定》，悍然发动内战，大举进攻解放区。中共中央决定，将八路军、新四军改编为中国人民解放军，展开了轰轰烈烈的解放战争。随着解放战争的节节胜利，广大解放区人民对获得土地的要求越来越高。在这种情况下，根据党中央的指示，北团汀进行了土地改革。

1. 贯彻"五四"指示，搞土地复查。1946 年 5 月 4 日，党中央发出指示："各地党组织必须明确认识到，解放区的土地问题是目前我党最基本的历史任务。必须以最大的决心和努力，放手发动群众，完成这一历史任务。"这一时期，北团汀村开展了清算复查，初步宣传了土地改革。1947 年上半年又复查了土改不彻底问题。在对李洪岐家进行清算时，清查出他家瞒报的土地，并拿出了他家的财物。但是，对兴合堂却没有采取行动，因为他们在抗日战争中积极出粮纳款，保护过八路军，并有子弟参军参战、做出牺牲。可是，南团汀村却来了一群人把兴合堂的财物装上马车拉走了。这下北团汀人坐不住了，也对兴合堂进行了斗争，把他们家的马车、财物、农具、粮食等都拿了出来，与李洪岐家的财物一起分给了贫雇农。在这期间，李洪岐曾向唐山转移了部分财产（当时唐山尚未解放），并把家里的布匹转移到了东营亲戚家，但却被东营村扣留了。北团汀人认为李洪岐家的布匹属于北团汀，应当讨回。可不知谁走漏了消息，东营人事先做了埋伏。那天晚上，当北团汀人走到东营南街时，突然遭到了东营人的袭击，被打得蒙头转向。当时天已昏黑，还下着大雨。东营人把北团汀支部书记李福信吊在学校的房梁上，同时还不断向村民广播，说东营人被北团汀人打伤，有生命危险（实际上没有），因而更增加了东营人对北团汀人的不满。这次行动，北团汀人大败而归。此事在当时引起了县政府的高度重视，副县长丁振洲亲自到两村做了调解工作。总体来看，土改第一阶段，北团汀严格执行了"五四"指示中关于团结中农、保护中农利益、保护工商业的政策。兴合堂的水磨并没有停转，而是采取了全村合办的形式，只不过另请了李子阳当经理，使磨坊成了村办企业，收入照样分给兴合堂每人一份。但这一阶段只解决了部分土地问题，并没有从根本上解决土地问题。

2. 贯彻《土地法大纲》，搞土地平分。这是土改的关键阶段。1947年10月10日，中共中央颁布《中国土地法大纲》。同年12月，冀东区党委、冀东行署、冀东军区发布《联合公告》，宣布以《中国土地法大纲》为冀东的土地法，并立即在全区实行土地平分。同年12月24日，冀东区新农会临时委员会发出《告农民书》，号召农民兄弟姐妹赶快联合起来，打倒地主阶级，彻底平分土地；积极参军，支援前线，保卫胜利果实；在后方打倒小蒋介石，在前方打倒大蒋介石，建立和平民主的新中国。随后，中共迁西县委在兴城召开区级全体干部和县直机关副科长以上干部共182人参加的土改工作会议，传达了《中国土地法大纲》、冀东党政军的《联合公告》

和冀东区新农会临时委员会的《告农民书》，并着重搞了以查阶级、查立场、查思想为主要内容的"三查"整党，调整调换了县区两级党组织成员，宣布停止农村党支部生活，树立贫雇农掌权的绝对优势。会后，土地平分迅速在全县展开。北团汀的土地平分，主要有以下几个环节：一是宣传文件，组建贫农团。土改工作人员撇开村党支部，直接住到贫雇农家，扎根串联，讲土改的意义，启发阶级觉悟，引导农民诉苦诉冤；民主选举贫农团代表，确定贫农团主席和法官；宣布停止北团汀村党支部的一切活动，贫农团接管村政权，实行贫农团说了算。二是查三代，计算剥削量，评定各户成分。三是确定斗争对象。派驻北团汀搞土改工作的人是高景深。工作队怕犯"阶级立场不坚定"的错误，只好"宁左勿右"，搞"矬子里拔将军"。除了李洪岐家、兴合堂家，又确定了李春富家、李春贵家、李子阳家、李福芝家和李洪福家。凡被斗的人家都被封了门，在门口插了旗。四是斗争封建势力。对李洪岐和兴合堂这样的人家"净身出户，扫地出门"，对李春富、李春贵家也搞了"扫地出门"。李子阳家和李福芝家只出了财物和土地，没有动他们的房子。凡被斗户，要将土地、牲畜、农具、财物全部归公。其间，个别被斗户因私藏财宝受到了捆绑、吊打或香火烧。李洪福家本来没有多少土地，也没雇过长工，但他给李洪岐护过院，据说还有点儿银元，即按"封建势力"列为斗争对象。开始他不承认有钱，但吊起来打了几下之后又承认了，并拿了出来。五是分配胜利果实。除土地、树木按人分配外，房屋、财物、牲畜、农具等则按赤贫、贫、次贫依次进行分配，越贫的分得越多、越好。贫下中农分的多是好地、近地，被斗户分的多是次地、远地。北团汀在土改中还发生过一桩命案。土地复查后，李洪岐、李洪印带全家人搬到了唐山，以做买卖为生。当时唐山还未解放，是国民党统治区。当过长工的王祥在土改中非常积极，翻身后有了毛驴，也跑唐山做起了小买卖。同去的还有本村别的人。李洪岐、李洪印认为王祥是外姓人，不应该那样积极，所以就想把王祥单独留下来。正在争执之际，巡警发觉了。经查问，知道王祥是从解放区来的土改积极分子后就抓了起来，最后死在狱中。1948年12月12日唐山解放，人民政府调查此案，李洪印承担了全部责任，被判无期，后因认罪伏法、积极改造改为有期，17年后释放。

3. 纠偏。由于县区干部都带有"整编三查"的压力，唯恐站错立场，所以在执行政策时都程度不同地存有偏左倾向。加之停止农村党支部活动，一切由贫农团说了算，过分强调贫雇农利益，追查三代，矬子里拔将军，扩大打击面，严重侵犯了中农利益。据统计，到1949年10月，全县被错斗的中农达9,540户，占全县总户数的26.2%，占被斗户的85.5%。这样就打乱了农村的阶级阵线，挫伤了中农的积极性。某些被斗中农其实并不富裕，被斗时出了些财物，平分时又得到了土地。北团汀当时79户，被斗的7户。后按政策细算，只划了1户地主、1户富农，其余5户都属于错斗中农。李洪福家虽然被斗，又出了些银元，但分得了土地。党中央很快发觉了这种普遍存在的过左现象，及时向全党发布了任弼时同志的报告《土地改革中的几个问题》。据此，冀东区党委、冀东行署也及时发出了《生产与土改等几个问题的指示》，即"五一"指示。1948年5月上旬，迁安、迁西两县区级以上干部数百人，在冀东区党委第十二地委的组织下，齐聚忍字口、高台子、长岭峰、西寨等滦河两岸的村庄，召开了历时10天的纠偏大会，史称"双迁会议"。会议的中心议题就是纠正土改中的"左"倾偏向，尽快贯彻任弼时同志的报告，恢复错斗中农，恢复农村党支部的活动，并要求重新划定阶级成分，赔补中农损失。会议精神获得了广泛的支持。许多被斗中农说，还是党中央英明，任弼时同志的报告救了我们，损失的东西并不重要，只要不划富农就行了。由于赔补中农由国家承担，而国家当时又处于困难时期，加上斗争时没有留下详细账目，因此赔补时并没能如数退回。李子阳家退回了一头毛驴、两斗小米；李春贵家退回了一头骡子、两斗小米，但房屋没有退回；李春富和李福芝家都只退回了一头毛驴。纠偏中，保护工商业政策也得到了贯彻落实。因为兴合堂水磨属于保护范围，退回了一辆马车、一头骡子。他家虽是富农，但因李振英是烈士，父亲李福昌是烈属，纠偏后又给了较好的房子。李振中，因为儿子李春明参加革命，扫地出门后一直在李福芝家住，纠偏后又搬回了原来的房子。这次纠偏，对消除村民之间的矛盾，巩固土改成果，团结群众，促进农业和工商业的发展起到了重要作用。

4. 颁发土地执照。这是土改的最后一步。1948年10月11日，冀东行署下发关于统一颁发土地执照的指示；20日，又在遵化县召开了各县民政科长联席会议。之后，我县在六区赵庄子搞了发照试点。北团汀的发照工作大体是这样做的：一是向群众讲明发照的意义。二是对土地评估产量。抽出不同类型的地块（好、中、差）大家评估，其他地块依次评产，然后张榜公布，征求群众意见。三是丈量土地。以营造尺240平方弓（五尺为一弓）为一亩，确定各户土地数量。四是填发土地执照。填写的内容是每块地的坐落四至、数量和人口数量等。土地上的果树都是随地走，地是谁家的果树也就是谁家的。房照也是写明房屋的间数、院落四至，标明瓦房或草房。当时填写执照的人都是村中毛笔字写得好的人，如李春华、李春风等。新照下发后，所有旧契一律作废。此项工作始于1950年初，同年7、8月份完成。

经过土改，北团汀79户人家，划出地主1户、富农1户、上中农5户、中农下中农20户、贫农雇农52户。

土改完成后，村里还发生过一起栗树纠纷案。李子阳全家12口人，老哥儿仨仍在一起过，土改时分得了大约24亩土地，还有一部分栗树在河东羚狗峪（地名），一部分松山在大安峪。虽然土质较差，但因全家人辛勤劳作，日子仍然过得去。1952年，支部书记李福信突然提出李子阳家河东土地上的栗树是他的，并让李振中从中说和，让李子阳答应他的要求。对此，李子阳一家表示反对，村子主持公道的人也认为李福信是以势压人。尽管如此，李子阳因为自家被斗过，怕惹出麻烦来影响子女前程，还是打算让步。但长子李林森却坚决反对，他找到三屯营区政府民政助理田功民，请求公正解决。于是，区政府秘书陈继营通知李福信到区政府调解。李福信因缺乏证据，说不出具体理由。陈批评他说："你作为支部书记，应当维护土改成果。土地执照都发了两三年了，参加土改的人也都证明栗树是人家的，是不能改变的。"李福信无话可说。这是北团汀土改后发生的第一起民事纠纷案。

志士仁人

无论是八年抗战，还是三年解放战争，北团汀人都踊跃投身革命，有的甚至献出了宝贵生命。

李洪成，字会斋，1915年生，24岁时任本村青年报国会主任，1939年入党，1940年任本村第一任党支部书记，同年脱产参加革命，任三屯营区武装助理。1942年被治安军包围，突围中被捕。敌人枪杀他时击中头部，破皮未死，被埋后苏醒过来爬出，又被人告密，被敌人扎了8刺刀，最后死去，时年27岁。

李九州，1911年生，1945年参加革命，任赤峰市大庙区区长。1946年，由于汉奸告密，被国民党反动派杀害于赤峰，时年35岁。

李洪禄，1925年生，1947年参加翻身团，任425团2营6连班长。1948年10月14日在辽宁锦西老官堡战斗中战死，时年23岁。

李振英，1942年农历六月十三妻子被日军圈走后，参加区小队，后来在一次战斗中被反动伙会杀死于西三十二岭，时年22岁。

李鸣九，1941年参加革命，先在地方工作，后随大军南下，到湖南省长沙市某区任公安局副局长。1991年7月获中华人民共和国公安部授予的人民警察一级金盾荣誉勋章。

李洪春，1946年参加革命，先在地方工作，后随大军南下到广西。解放后任柳州市法院院长、司法局局长。

李春明，1946年参加工作，解放后任天津市丁字沽国营酒厂厂长。

李春蕊，女，化名李平，1945 年 3 月参加工作，1951 年入党，随丈夫王庆三南下，后任江西九江市委信访科科长，现已离休。

李升廷，化名李九山，1946 年参加革命，后随军南下，曾任广西崇左县武装部长，后任县农工部部长。

李福勋，先在三屯营兵站工作，后随军南下河南，转业后曾任区委书记。1964 年回县，曾任县食品公司书记。

李安庆，化名李志远，1944 年参加革命，后到北京工作，曾任某公司经理，正处待遇。

李安贺，化名李景池，1943 年 1 月参加革命，1944 年入党，历任迁西四区教育助理、迁西县政府办公室副主任、卢龙县财政科长、鞍山工委书记、昌黎县水泥厂厂长。

李振富，1947 年参军，复员后到县医院任外科医生。

李连合，1947 年参军，复员后到县电影院工作。

李春山，1947 年参军，转业到四川某地粮食部门工作，后回迁西。

李洪胜，1947 年参军，复员后因病去世。

李福芳，化名李兴武，1944 年参加革命，曾任太平寨区委副书记，1962 年因病退职。

第一个五年计划完成时期

随着三年（1950—1952 年）经济恢复和第一个五年（1953—1957 年）计划的实施，翻身后的北团汀人民辛勤劳作，增施肥料，粮食产量逐年提高。有的中农户虽然土地较前有所减少，但他们有经验，会经营，积极施用了新技术。地主富农户则靠自己的劳动走上了自食其力的道路。在党的扶植发展工商业政策的指引下，复查时迁到唐山的李洪岐一家办起了米面加工厂，开辟了新的致富门路。特别是在党迅速恢复经济、努力发展生产的号召下，北团汀商业活动和手工业生产得到了迅速发展。各家各户投入少量资金加入了农村供销合作社，接近半数的农户买了骡马和毛驴，利用农闲驮运货物，跑口外做起了买卖。李振全家和李振林家拴了马车。李季春、李洪义、李福安、李长生、李长山等几户人家合伙造了两条船，重操旧业，搞起了滦河水运。李春和、李福同、李春义打造了织布机，除在本村织布，还到外村织布增加收入。

建国初期，党和政府非常注重教育。当时小学教师很缺，四区教育助理李景池相继介绍李春庆、李春贵、李春海、李洪祥、李振廷、李春余等当了小学教师。李林森考取了短师培训班，走上了教育岗位。为了培养更多师资，1951年迁西县成立初级师范，首批招收100名学生，我和李树林没上六年级，提前考取了这所学校。李振国考取了初师第三班。1952年迁西县中学成立，李春田、李瑞英、李春森被录取。李春霞考进了铁路职工学校。

那时新中国刚刚成立，百废待兴，需要各方面人才，凡有点文化或一技之长的人都能参加工作。对地主富农家庭出身的人也不歧视，而是执行"有成分论，不唯成分论，重在政治表现"的政策，农村基层政权对他们的升学、就业、外出务工等也不限制。那时，农民好好种地，工人积极做工，干部好好为人民服务，学生认真学习。可以说，这一时期是北团汀发展最好的时期。

按中央制定的农业发展纲要40条，1954年，党支部书记李福信带头办了初级社（老社）。接着，村长李洪全又办起了农业合作社（新社）。所谓初级社，就是土地入股分红，土地与劳力四六开，没有劳力或劳力少的人家可从中获得四成收入。这样做，既可以照顾到没劳力或少劳力的家庭，又可以鼓励劳力多的人家参加生产。但在初级社尚未来得及巩固的情况下，1956年又全部实行了高级化。所谓高级化，就是取消土地分红，完全靠劳动工分分红。这样，劳力少或没有劳力的家庭就吃亏了。本来，如果他们不入社，春种秋收可以叫工夫或请亲友帮忙，并获得全部收入，而入了社就完全不同了。还有种植计划的不民主、产品分配的不公平、劳动力出工不出力、投入的肥料质量下降、每天晚上的评工记分等等，导致矛

盾迭出，争论不休，农民的生产积极性不升反降。尤其是"一化三改"之后，随着农业集体化步伐的加快，农民的牲畜都入了社，农闲时不许做小买卖，小商小贩一律禁绝，农村手工业取消，织布机停转，所有劳动力都被绑在了有限的土地上。

"大跃进"年代

1956年党的八大召开，总结了革命和建设的经验，指出现阶段的主要矛盾是人们日益增长的物质文化需要与落后的生产力之间的矛盾，提出当前及以后一个时期的主要任务是发展社会生产力。但因种种原因，这一正确路线并没有得到很好的贯彻和执行，而是走上了越来越"左"的道路。1957年"反右"扩大化，1958年"大跃进"、"人民公社化"、"大炼钢铁"请"钢铁元帅"升帐。本来1958年是个丰收年，但很多粮食却烂在了地里。农村一夜之间进入共产主义，搞一平二调三收款，办集体食堂吃饭不花钱，彻底打乱了"三级所有，队为基础"的农村所有制。结果，1959年下半年就没粮食吃了，很快进入了三年（1959—1961年）困难时期。物价高得惊人，很多人得了浮肿，甚至出现了饿死人的现象。

值得庆幸的是，在外部瞎折腾的时候，北团汀人没那么激进，而是该种地种地，该抢荒抢荒。所以，即使到了最困难的时期，这里仍有最低的口粮保证，没闹浮肿，也没有饿死人。除个别户外，绝大多数没有发生断顿儿现象，甚至还有人用高价偷偷来买薯干。

1958年，迁西大部并入迁安，三屯营、洒河桥两区划入遵化，1961年7月又恢复迁西县制。迁西县委根据中央"调整、巩固、充实、提高"八字方针，撤销了大公社，按"三级所有，队为基础"的原则将大队核算改为生产队核算。北团汀大队建了3个生产队，一队队长魏顺祥、李福琢，二队队长李玉廷、李福国，三队队长李福平。自此，北团汀群众受挫的积极性又被调动起来，生产生活又有了新的提高。这一时期，北团汀搞了一些土坝梯田，在西尖（地名）滦河边上搞了透河井，并将水抽到水渠里灌田。打那时起，北团汀不仅结束了自建村以来只有一口井的历史，还有了100多亩水浇地，上茬种小麦，下茬种玉米。

"文化大革命"期间

"文革"开始不久，迁西县委代理书记王怀忠自杀。正直人为之惋惜，疯狂人更加疯狂，派性斗争更加激烈，并很快蔓延到社队。这时，北团汀也出了明显对立的两派。期间，李洪岐被唐山的红卫兵作为逃亡地主遣返回村，并进行了批判，后来病死在北团汀。

"文革"中还发生了李振富之死。他1947年参加翻身团，中共党员，转业后到县医院任外科医生，当时在县内小有名气。他本来没有多少文化，但聪明好学。平时北团汀人有病都找他，他对家乡人也很热情，在乡里乡亲中很有威信。当时，县医院派性斗争很激烈，平时人与人之间的矛盾都借机表现了出来，李振富作为外科权威首当其冲。当他的尸体被送回家乡时很多人为之不平，怀疑是被人害死的。在那个年代，一切法律作废，谁又能改变呢？堂堂县委书记不是也死就死了么？因此，当时只好不了了之，直到平反"文革"冤案时才被昭雪。

由于"极左"思潮影响，当时在村里还有一个重要课题，就是重新划分阶级，解决所谓土改不彻底问题。我当时正在县委机关，最担心的就是怕划上富农，因为土改时家里就是错斗中农，虽然没划上富农，但确实雇过工。事过20年再计算剥削量，当时有好多算法，生要把你家划上去也并不是没有可能，所以当时只能听天由命。但后来传来消息，说村里算过账了，无论咋算都没超过25%的剥削量，最终也没划上富农。李春贵建国后当了小学教师，1958年"反右"时有人说他有"右派"言论，加之村里有人写信，教师不让他干了，后来落实政策才恢复了教师资格。

两大水库建设及移民迁建

1973 年 10 月大黑汀水库上马，1975 年 10 月潘家口水库开工。两大水库一开工，就预示着库区移民的日子不远了。从那时起，北团汀人所思所想就不那么长远了，而是只考虑当年的生产，保证目前的生活，什么农田基本建设啊，绿化荒山啊，盖新房啊，都不在考虑之内了，因而出现了长达四五年的等待期。当时群众的普遍心理是，虽说为国家水利工程建设做出牺牲应该，但国家能否做出合理的安置和补偿呢？

大黑汀水库征地高程海拔 133 米，迁建高程海拔 135 米。这就意味着北团汀除柴火市外，全部土地、房屋将被淹没，除少数人可以后靠柴火市外，大部分村民都得迁往外地。补偿办法将按 1978 年 9 月唐地行 [78]23 号文件《关于迁西县大黑汀、潘家口两水库移民补偿工作试行办法》执行。1980 年底国家下拨的移民经费，大黑汀水库 1，087.3 万元，人均 828 元，实行包干，办理移民搬迁补偿结算。经调查，当时的具体补偿标准过低。1981 年河北省水利厅呈报国务院，1982 年 6 月经国家计委批准，将水库移民迁建费增加到 12，186.6 万元。各种补偿标准为：房屋补偿，远迁移民每间补偿 650 元、每户附着物补偿 400 元、运费每户补助 200 元；后靠移民每间补偿 500 元、每户附着物补偿 250 元、运费每户补助 80 元；机关企业房屋每间补偿 650 元，无房户每户按 2 间，少房户按 1 间，每间补偿 600 元；集体畜棚补偿 250 元，畜圈 150 元；土地补偿，按 4 年产量合计每亩补偿 450 元、淹没移民的旧房基地按征地标准每亩补偿 450 元；果树林木补偿，干果每棵 40 元，鲜果每棵 30 元，花椒每棵 6 元，葡萄每架 60 元，大桑树每棵 4 元，后靠移民每人补助 50 元育林费，远迁移民队每人补助 150 元的山场购置及育林费；生活补助，从 1981 年起连续 3 年每人每年补助生活费 50 元，化肥、小农具每人补助 35 元，移民生活饮水费每人补助 60 元，由县掌握；移民队后靠或远迁后，每人补助农田水利建设费 80 元，由县掌握。

随着大黑汀水库大坝不断加高，移民迁建步步逼近。县移民迁建办向北团汀派驻了工作组，开始做思想动员，并入户调查登记集体的土地、山场、树木和个人的房屋、院落及附着物，测算移民补偿费的数量，征求远迁、后靠、散迁移民的意见。到底迁往何处，这是一个重大问题，因为它不仅关系到目前，也关系到未来。虽说国家建设是大局，我们做出牺牲是应该的，但从个人感情来说还是想不通，因为这是抛下先人尸骨、永远不能再见的离别。通过反复征求群众意见，几次到新址考察，最后选定了唐海县四场 8 队、9 队。

按 1975 年县迁建办的摸底调查，北团汀迁建前有生产队 3 个，131 户，636 口人，土地 683 亩，房屋 480 间，果树 5,550 棵，松山面积 1,500 亩。经唐山地区行署批准，迁到唐海县 113 户 542 口人，后靠到柴火市 8 户 47 人。1978 年 7 月份，这些人家陆续迁出。

（一）迁到唐海县柏各庄农场四场 8 队的人员

李福严（一家）6 口人	张瑞芝（一家）4 口人（魏顺昌妻）
李国荣（一家）7 口人	李洪顺（一家）6 口人
李洪森（一家）8 口人	李福国（一家）4 口人
李春树（一家）3 口人	李洪山（一家）5 口人
李春泽（一家）4 口人	李洪瑞（一家）6 口人
李建中（一家）5 口人	李福庄（一家）7 口人
李春友（一家）2 口人	李洪志（一家）4 口人
李建华（一家）4 口人	李惠民（一家）4 口人
李春风（一家）2 口人	李福信（一家）7 口人
李振全（一家）7 口人	赵玉芳（一家）6 口人（李振国妻）
李福文（一家）2 口人	王玉兰（一家）3 口人（李振祥妻）
李福斋（一家）8 口人	唐作英（一家）1 口人（李洪杰妻）
李林奇（一家）4 口人	李洪江（一家）7 口人

李春泽（一家）3口人　　张素芝（一家）5口人（李景池妻）
李洪九（一家）4口人　　吴春芝（一家）5口人（李洪润妻）
李春秀（一家）3口人　　魏素英（一家）3口人（李树印妻）
刘素兰（一家）3口人　　白明娥（一家）1口人（刘素兰婆母）
李升元（一家）5口人　　张月兰（一家）5口人（李连合妻）
李长荣（一家）5口人　　赵士芹（一家）2口人（李少飞妻）
李春甫（一家）5口人　　李景丰（一家）6口人
李春义（一家）7口人　　李春贺（一家）8口人
李春光（一家）6口人　　吴庆林（一家）4口人
李华山（一家）4口人　　高以翠兰（一家）6口人（李福勋妻）
李春芝（一家）4口人　　李春国（一家）6口人
李福齐（一家）7口人　　李春余（一家）3口人
李泽民（一家）6口人　　李长山（一家）4口人
李振生（一家）3口人　　李振岐（一家）5口人
李春信（一家）7口人　　李翠芝（一家）4口人（李春田妻）
（二）迁到唐海县柏各庄农场四场9队的人员
李中合（一家）5口人　　李福海（一家）4口人
李洪之（一家）5口人　　李洪秀（一家）8口人
李春贵（一家）6口人　　李洪生（一家）6口人
李洪华（一家）6口人　　李洪善（一家）7口人
李忠民（一家）1口人　　李继华（一家）5口人
李洪民（一家）2口人　　李玉娥（一家）12口人（李继民之妻）
李春景（一家）6口人　　李洪林（一家）1口人
李长宏（一家）2口人　　李静修（一家）1口人
李树文（一家）4口人　　李玉廷（一家）5口人
李长明（一家）9口人　　李福万（一家）7口人
李春和（一家）2口人　　吴春会（一家）2口人
李春齐（一家）4口人　　黄兴连（一家）6口人
李长会（一家）6口人　　李洪泽（一家）6口人

李五生（一家）6口人　　刘永贵（一家）5口人
李树民（一家）6口人　　李树青（一家）2口人
李福勤（一家）6口人　　李福安（一家）3口人
李洪明（一家）6口人　　李福喜（一家）3口人
李福青（一家）4口人　　李福千（一家）6口人
李振印（一家）1口人　　李树风（一家）3口人
李长生（一家）3口人　　李福凤（一家）6口人
李福余（一家）8口人　　李福芳（一家）10口人
李福柱（一家）6口人　　李福山（一家）7口人
李树果（一家）4口人　　李树华（一家）4口人
李福龙（一家）6口人　　李玉中（一家）8口人
李春芳（一家）8口人　　李华民（一家）6口人
李春海（一家）3口人　　李振民（一家）5口人（李福振之子）
李秀珍（一家）4口人　　李省民（一家）4口人
李福贺（一家）1口人　　李振华（一家）4口人
许克方（一家）4口人　　朴　青（一家）1口人
（三）后靠到柴火市的人员
李福泽（一家）6口人　　李福琢（一家）6口人
李福香（一家）3口人　　李洪福（一家）8口人
李春生（一家）6口人　　李福平（一家）7口人
李洪国（一家）4口人　　李春富（一家）7口人

柴火市原有住户有李泽满、李泽富、李泽贵、李泽余、李泽全、李泽国、李泽华、李泽森、李泽田、李泽山、李泽军、李泽红、李泽齐、李泽明、李泽来。他们和后靠户共同组成新的北团汀村。

按当时政策，凡双职工又都是非农业户口并居住在县城的，由迁移费开支，在兴城镇买一块房基地，把老家的房搬来，用国家给的补偿费自建新房。属于非农业人口的单职工家庭分四种情况：一是农业人口随迁到唐海，职工仍然在迁西工作，造成两地分居的，

按政策办理农转非并迁居迁西，如李振祥。二是农业人口远迁到唐海，职工也随之调到唐海，如李洪祥、李树林、李树印等。三是职工仍在迁西，农业人口迁到唐海，因生活不便，又将家庭接回迁西，如李华民、李秀茹、吴瑞贺、李振华、李连合等。四是男方在外地工作，家庭是农业人口的，到唐海落户，如李景池、李春田等。移民时，李林森一家没有远迁唐海，而是征得迁建办同意，落户在新河山。但后来新河山认为，李林森一家落户时没带山场和其他固定财产，所以在移民照顾时没算他家的份儿。后经迁建办主任赵瑞征同意，从台头村买了一片荒山划给了新河山，问题得以解决。

远迁后靠之后的新生活

北团汀的移民搬迁到唐海县柏各庄农场，从燕山深处的滦河西岸迁到了渤海之滨。这次移民，是在新址征好土地，盖了房子，用汽车运送。走时有人欢送，到时有人迎接。但毕竟故土难离，很多人离景伤情，洒泪告别。

移民从山区转移到海边后，开始时许多方面感到不适。首先是生活环境不适，蚊子太多，叮咬太厉害；其次是交通不便，居室潮湿，道路泥泞，而且泛碱，不像老家那里雨过即干；再次是耕作方式不同，老家主要是山地、旱地，主要种植玉米、小麦，而新址则主要种植水稻，要下田插秧。但也有好的方面，一是吃粮由粗转细，大米成为主食；二是有的人成了国营农场的职工，到法定年龄可以享受退休待遇；三是再也不用到老北山拾柴火、到坎下井担水了。

从 1978 年搬迁到现在（2005 年），父老乡亲们在唐海已经生活 27 年了。这期间，经过改革开放，生活水平有了很大提高。当时统一共建的房屋质量确实太差。经过努力，一半以上的户已盖了新房，村子的街道都铺了水泥路，国家对移民也给了许多支持。现在，平均每人每月收入 300 元，全年收入 3，600 元。孩子们上学的条件也大有好转，已有 3 个大学毕业生和大学在校生。李春勤、李醒民、李洪九、李振清、李树森、李林奇、李春波相继担任了队干部。特别是随着唐山经济发展向沿海转移，曹妃甸工业区很快将达到40万人口，唐海县将成为唐山市名副其实的经济中心城市，就业机会将大量增加。8队离县城不远，也将变为城区。

后靠到河东柴火市的8户47人与原住民30多人组成新村，承袭了北团汀村名。土地虽然不多，但山场广阔，发展潜力很大。他们搞了围山转，栽了许多新栗树，现已进入盛果期。加上原有的栗树，年产板栗3万余斤。有的户养了牛养了羊，同时利用广阔的水面搞了网箱养鱼。各家各户房前屋后栽植了杨柳，不到跟前儿看不到房屋，整个村庄都掩映在绿荫之中。北东南三面环山，西面是大黑汀水库，景色怡人。水库东环路从村边绕过，班车通了，出行很方便。铁矿也开起来了，拖运矿石的车辆川流不息。

27年弹指一挥间，国家发生了翻天覆地的变化，人民生活水平有了很大提高。四场8队、9队的人生活越好越觉得对不起祖宗，那就是迁走的时候对先辈的尸骨没有一个交待。原因有二：一是走得太匆忙，水库下闸蓄水不能拖延，新址房屋又没有建好，墓地自然没法考虑；二是当时国家对移民村的坟墓没有具体的政策规定。不仅北团汀，整个工程涉及到的43个移民村都没有解决。因此，每到清明节不能扫墓，只能面北遥寄哀思。

但是，可以告慰祖先的是，后代子孙们为了国家服从大局是非常值得的。1988年，我有幸担任河北省引滦工程管理局迁西渠道管理处的第一任处长，除精心管好引滦入唐工程，保证唐山市工农业生产和市民生活用水外，对两大水库的作用也有机会做了深入了解。潘、大水库正常年景每年蓄水20多亿立方。通过引滦入津、引滦入唐两大输水工程，现已累计向天津输水121.44亿立方，向唐山输水41.9亿立方，向滦河下游稻田供水135.25亿立方，总计298.59亿立方。据专家测算，按1983年物价水平，供天津、唐山每立方米工业用水，平均经济效益1.22元，累计经济效益199.2748亿元。潘家口电站、大黑汀电站、蓄能电站、南观电站累

计发电 86.98522 亿度。按每度上网电价 0.25 元计算，累计经济效益 21.746305 亿元。还有两大水库广阔的水面，发展网箱养鱼，使迁西县成了河北省最大的淡水养殖县。两大水库的建设，大大促进了迁西县旅游业的发展。特别值得一提的是，有了引滦入津工程，引来了津西钢铁企业建设，每年的利税达到 5 个多亿。如果加上水库建设带来的生态效益、社会效益，其价值更是不可用数字来衡量。可以说，两大水库的建设不仅从根本上改变了迁西的面貌，也改变了唐山、天津，改变了唐山沿海地区。

再一个可以告慰祖先的是，新中国成立后，北团汀有许多人参加了工作，活跃在各条战线。有的当了国家干部，有的成了技术骨干，有的成了小有名气的企业家。李春祥，在乡里当干部，现已离休。李洪祥，1952 年参加工作，小学教师，乡文教干部，后调入移民迁建办，现已离休。李林森，1952 年参加工作，历任小学教师、中心小学校长，小教一级。李林山，中专毕业，1954 年参加工作，历任小学教师、县委办公室副主任、主任、县委常委、县人大副主任，省引滦局迁西渠道管理处处长。李树林，师范毕业，1954 年参加工作，历任小学教师、乡秘书、中学教师，中级职称。李树中，1956 年入伍，后转业到北京地方工作，后任昌平县委副书记、县人大主任。李春田，宣化地质学校毕业，1958 年参加工作，常年从事地质工作，任河北 5 队水文地质技术负责人、党支部书记、工程师，正科级，中级职称。李瑞英，中学毕业，小学教师，后调入医院工作，长期从事档案工作，副主任科员。李春深，大学毕业，绘图专业，副高职。李振祥，中学毕业，县信访局局长、县地矿局书记，正科级。李妙华，李福芝之女，随父母迁居北京门头沟，1969 年北京工业大学毕业，分配到西安四机部任工程师，后调山东，副高职，现已退休。李振华，参加工作后先任供销社业务员，后任迁西煤矿矿长。李小东，中专毕业，五官科专家，副高职。李忠民，1971 年参加工作，中专毕业，骨科专家，副主任医师，科主任，副高职。李志国，中学毕业，县农机公司经理。李爱民，河北医学院毕业,1991 年参加工作,硕士研究生,主治医师。李志军,研究生,县计生局副局长兼秘书长。李志平,大专学历,中国银行唐山路北区分行行长。李小文,迁西县黄金首饰厂副厂长。

故乡的父老乡亲现在虽已一分为三——两拨在渤海边,一拨仍在燕山深处,但不管到哪里,有两个因素会永远把我们联在一起:一是血缘因素,我们是皋陶的后代,利贞的子孙,血管里流淌着同样的血;一个是滦河水的因素,每年开春,来自家乡的水都要通过老河道流到渤海边,灌溉那里 135 万亩良田,其中的一部分直接流到了家乡人经营的稻田。

我相信,故乡人不论到哪里,都会像先辈们那样勤劳朴实,富于创造,建设出美好的家园。李氏的祖先,故乡的英烈先贤们,在天之灵可以得到慰藉了。

（选自 2011 年 7 月百花文艺出版社出版发行的迁西县文史资料第 8 辑《乡村纪事》）

北团汀抗战纪事

李林山

1939 年,北团汀建立党组织,李洪成（会斋）为第一任党支部书记。第一批党员有李鸣九、李福信、李福香、李国荣、李春祥、吴以密。第二批党员有李福芳（兴武）、李福琛、李春明、李九州岛、李洪春、吴庆林、魏顺祥。整个抗战时期,因为党组织坚强,群众基础好,北团汀成为八路军经常落脚的地方。

那时实行统一战线,只要抗日,不分阶级、阶层。因此,区委书记赵其田,总区长王维洲及孙明、王庆三等,经常吃住在兴合堂。有时也在李子阳、李春贵家吃住。由于接触八路军上层人物多,受其影响较深,一些有钱人家或者较为有钱的人家,在抗日战争中做出了很大贡献。就拿兴合堂来说吧,他们不但在出粮纳款、负担抗

日经费上慷慨大方，子弟们有的也参加了八路军。兴合堂的当家人李振文，其侄李春明就较早地入了党，并成为北团汀第一任民兵连长。李振文的叔伯弟弟李振英在一次战斗中牺牲，成为革命烈士。

李振文的婶婶不顾生命危险保护过区委书记赵其田。那是1943年，赵其田的警卫员被治安军抓住，在严刑拷打下说出了赵其田还住在兴合堂，伪军立即前来搜捕。当伪军走进前院时，机智勇敢的兰子（李春芝）假装为伪军点烟，又借口到后院找暖水瓶，乘机通知赵其田将文件包埋在灶堂里，将枪扔在泔水缸里，然后又让他躺在李振文婶婶的炕上装病。伪军问躺在炕上的是什么人，李振文的婶婶说："他是我儿子，病了。"恰好赵其田平时不修边幅，农民打扮，人称"赵花子"，伪军看他不像八路军的官儿，就到别处搜查去了。

李洪岐家也保护过八路军。一次，日军将吴开阳围在李洪岐家。李机智地把吴藏在了后院的粉房里，掩护他从地道里逃脱了。解放后，吴开阳当了开滦矿务局的行政处长。

柴火市和富家峪这两个自然村当时也发挥了作用。因地处偏僻，不易发觉，八路军干部和八路军伤员经常隐蔽在那里。

1943年夏，伪治安军进驻南团汀，建了据点，修了炮楼。为了监视、防范八路军，又将北团汀渡口封锁，把摆渡船调到了南团汀渡口。一天，区长王维洲和他的夫人林光正在北团汀开会，突然有情报说日伪军要来扫荡，要他们马上到河东隐蔽。当时滦河涨水，又没有渡船，情况紧急。北团汀党支部立即找来8个既可靠又会水的人，又从李子阳家、李春贵家找来两个大簸箩，让王、林二人各坐一个，4个人托一个，于夜间劈波斩浪送到了河东。到河中间时，浪头曾打进林光坐的簸箩里，冲走了一只鞋。林光惊叫起来，王维洲让她不要出声。这"八勇士"中，有李福琢、李春和、李春生、李九州岛、李洪福、李鸣九、李福文。还有一个，现在回忆不起来了。

八年抗战中，日军多次进村烧杀抢掳，无恶不作。八路军号召坚壁清野，把粮食或物资藏起来。

1941年的一天，日军端着刺刀进了李子阳家，让人把板柜打开。看看没人动手，日军就从外面拿来斧头，砍开柜盖，抢走了里面的衣物。那板柜至今还在。

　　1942年农历六月十三早晨，日伪军端枪闯进各家各户，把人赶到村民老德家门口的大槐树下。那年我7岁，也跟着母亲被赶到那里。一个日军训完话，一个翻译官站到了李洪林家门口的大石台上开始喊："皇军说了，18岁以上的人站在一边，都要老老实实地跟我们走。谁要逃跑，开枪打死。"说着就对空打了三枪。接着，他们把村民用绳子串在一起，押到了北河沿儿。北团汀的渡口本来在东河沿儿，日军怕有游击队，所以改在了北河沿。过河到洒河桥后，把人关在了西烧锅的仓库里。

　　这次，李子阳家被圈走4人，他和两个哥哥，还有一个侄女。到白塔寨渡口要下船时，因为李子阳和摆船的人很熟，摆船的人把杆子递到他手里，示意他不要下船。于是，他装作船工又回到了河东，躲过了一场灾难。

　　在日伪军押着南团汀被圈的人经过我家门口时，一个人乘机钻到了我家院内藏了起来，一直不知他叫什么名字。六十多年后，当我看到南团汀人何若（吴庆文）写的《团汀旧事》时，才知道这个敢于逃跑的人叫吴庆阳。

　　可怜那些被关在西烧锅仓库的人们！在20个日日夜夜里，惨无人道的日本法西斯对他们实施了种种暴行。当时正值大伏天，人多屋小，闷热难当，两天不给水喝、不给饭吃，到第3天每人只给两碗稀饭。晚上还不能睡觉。把人折磨得筋疲力尽后，又开始动用重刑，拷问谁是八路军，谁参加过抗日活动，开过什么会。

　　后来，有人寻求逃跑。这个仓库的墙角有个烟筒眼儿，刚好能钻过一个人。北团汀李春富、李洪义、李福同、李福云等十几个人，便乘夜间敌人不备逃了出来。李春贵家的长工小张子也钻了出来，他想等后面的李福本钻出来一起跑，可是却被敌人发现了，结果被抓了回去。然后，敌人马上堵死了这个烟筒眼儿，逃跑的希望也就

没有了。

越狱事件发生后，敌人便从速处理在押人员。李子阳的两个哥哥和侄女被吊打后，说自己没给八路军办过事就放了回来。有的虽然什么也没承认，但日军还是把他们押往东北当了劳工。最后，日军对筛选出来的 21 名抗日人员和"嫌疑分子"实施了就地枪决。那是一个大雾迷蒙的早晨，敌人把他们押到姚子峪沟口，一阵机枪扫射，顷刻间血流成河，尸横一片。

这次惨案，北团汀有 14 人被就地枪决或押往东北后失踪。其中有李维恩、李福堂、李洪魁、李玉和、李改春、李振贺、李长凤、李安红、李安生、张二友、李春清、李洪甫、李福本、李玉甫。李维恩既是本村保长，又是八路军办事员。在敌人的严刑拷打之下，两种身份他都承认了，最后被押往承德，死在了监狱。

因为这次日军搞的是异地审讯和异地屠杀，迁西革命斗争史料选（《侵华日军暴行专辑》）便没有明确提到南、北团汀惨案，只是在"洒河桥惨案"中提到将 21 个抗日人员枪杀。实际上，南、北团汀这次惨案是日军在迁西境内制造的多起惨案中杀害人数较多的一次。

惨案发生后，在最艰难的时刻，1943 年初，李运昌司令员率 11 团和特务连，从喜峰口外的热南地区突破日军严密封锁，长驱深入迁安县，进驻到了南、北团汀。在村外的滦河滩上，李司令员向全体指战员发表了"不怕牺牲，不怕疲劳，英勇战斗"的讲话，尔后迅速投入了遵化丁家岭战斗，击败了 300 多名日军和一个团的伪军，杀伤百余名，俘虏百余名。李司令员和主力团的到来，对刚刚遭受惨案的当地民众无疑是一种巨大鼓舞。因此，大家一扫过去悲观失望的情绪，又投入了如火如荼的抗日斗争。

（选自 2011 年 7 月百花文艺出版社出版发行的迁西县文史资料第 8 辑《乡村纪事》）

湖北医疗队在洒河桥

唐振田

1976年7月28日,传来惊人消息,唐山、丰南发生强烈地震。当日下午,在武汉的医院接到湖北省武汉市卫生局的紧急通知,根据中央指示精神,由在武汉的省、市医院500余人组成湖北省赴唐山抗震救灾医疗大队。决定由武汉市第一医院、第五医院、第六医院、第八医院和武东医院的70余医务人员组成一个医疗队,由我任队长。限定,接通知后两小时做好出发准备。就此拉开了我们赴唐山抗震救灾的帷幕。

千里迢迢奔赴唐山

在短短两个小时内,各队员备好必需的生活用品、换洗衣物;队部备好抢救药品、器械,数箱饼干、简单炊具等集中待命。当时,的武汉正值7月高温酷暑,队员们为准备行囊早已汗流浃背。次日上午10时,全队乘武汉—北京的38次列车直奔北京。列车风驰电掣般地前进着,而我们的心比列车还快,早已飞到了唐山,带着武汉人民对灾区人民的深切关注,去迎接抢救生命的战斗。我身为队长,过去虽然带过多次医疗队,但参加抗震救灾还是第一次。对地震带来的灾害及抢救任务不熟悉。我决心克服一切困难,完成好这次抢救任务,不辜负武汉人民的重托。

列车于7月30日到达北京站。举目眺望,车站候车室的后墙也出现了一条长长的裂缝。站台上排列了十余口大缸,盛满了开水,是为抗震救灾的队员准备的。走出车站,站前广场上停满了公共汽车,是派来接送医疗队员的。我们迅速乘上开往唐山的汽车。由于赶路,汽车上下颠簸。不少队员晕车,头痛、呕吐。然而,没有一

人叫苦叫累。傍晚，汽车开到了唐山附近，迎面见到一些骑自行车的人，每个车架上都放着一块木板，安放着死难者的遗体，运往农村安葬。不时擦肩而过的卡车上，用篷布盖得严严的，据说也是死难者。顿时，我们的心都绷紧了，亲眼目睹了地震给唐山人民带来的灾难与不幸，感到喉咙里有什么东西哽咽着。夜幕降临，汽车继续向唐山以北挺近。31日凌晨，汽车到达唐山北几十公里的迁西县城。匆匆吃完当地发给的油饼，在抗震救灾大队部报到后，我们医疗队又被分到距县城北25公里的洒河桥镇。时间紧迫，大家顾不上一路风尘，立即投入抢救伤员的战斗。

用百分百的努力争取百分之一的希望

7月31日，医疗队到达洒河桥高中急救站，此镇距唐山仅100公里，地处唐喜公路交通要道。第一批伤员已先于我们到达，躺在临时搭成的帐蓬或席棚里，四五十名伤员大多伤情严重。在我们到达之前，暂由镇卫生院几名医护人员、附近生产队的赤脚医生和洒河桥高中的师生做了临时处理。时值夏日，一分钟的延误就意味着多一分恶化，少一分希望。时间就是生命，这对于我们这群老医务工作者来说，再清楚不过了。两个昼夜兼程的疲惫顾不上了，一路的饥渴也顾不上了。

我们身边躺着的大难幸存者，大多是在坍塌的楼房水泥预制板下，木梁瓦砾堆中被及时挖出来的。然而，留下的是脊椎损伤后瘫痪内脏（肝、脾等）损伤、盆骨骨折、膀胱破裂、尿潴留、脑震荡、四肢骨折等伤员。毋庸多说，先从重伤员开始。水盐代谢障碍的赶紧输液，要手术的赶快输血、手术、止血，尿闭、尿失禁的设法导尿，骨折的及时整复包扎。一切都在紧张有序地进行着。然而，第一批伤员尚未处理完毕，第二批150余名又到了。救死扶伤是我们的天职，容不得我们丝毫迟疑。帐蓬都已住满，只得边收治边加设帐蓬。8月中旬，第三批重伤员70余人被送到，这里的重伤员已达到220

人。

抢救工作日以继夜地进行着。医疗队员的智慧与汗水化作夏日里凉爽的轻风，拂去震后满天阴霾，给每个伤员心头带去新生的期冀与憧憬。

看着身边的每位病人，我想着亲眼目睹过的唐山震后废墟……几天前，他们还沉浸在家庭的幸福与温馨中，刹那间，一切都失去了。在这些伤员中，有的已成孤身一人。然而浩劫后的人民反而更加坚强。他们出人意料地镇定，深深震撼着我们。

记得那名中年回民司机，连续运送伤员已是3天3夜没好好合眼了，谁曾料到，第三天运来的伤员中竟有一位是他的妻子呢！因肝脏破裂，病情恶化，虽经腹外科专家全力抢救，死神仍夺走了她的生命。按照回民的习俗，大家把她安葬了。司机那强作镇静的脸上，怎么也挥不去失去至爱亲人的悲痛，他爬上驾驶室又上路了……在挥泪目送他远去的瞬间，我们心头掠过异样的感触：哪怕只有百分之一希望，也要用百分之百的努力去争取。此刻余震未停，大地还震颤着。我们疲惫的双腿更坚定了，我们酸痛的双臂更仔细了，怎么能让人们来之不易的幸存希望再次泯灭呢！

开滦煤矿技术员黎南同志，骨盆骨折，大腿重伤，膀胱破裂。一段时间里，每天大便十多次。解决大小便问题是稳定其病情的关键。非常时刻，设备匮乏，队员们就用自己的脸盆和饭碗接尿，双手捧着卫生纸接大便。可大便太稀，纸又太薄，常常玷污双手。可是，这将换取一个宝贵的生命，又何尝不值呢！

还有一名伤员胫腓骨（小腿）骨折，送来时，伤口早已溃烂，下肢与阴部生蛆。于是，我们的医疗队员用手把蛆一条条取出来，再用PP水洗净，消毒，仔细包扎。倘若真有命运女神，或许她已不忍再将更多的苦难降给不幸的人们。不过几日，这样的伤口竟痊愈了。

一天，送来一个四五岁的小姑娘。她是和妈妈一起被救出后在运送途中失散的。大家对她尤其疼爱，精心照料，伤势很快减轻了。

可是，奇怪的是，先后有两对值得怀疑的"父母"前来认领。经过我们仔细询问，果然不是他们的孩子。他们的打算与感情我们太能理解了。可是，真正的母亲又将是怎样失望呢，过了几天，在离我队100多里的另一个医疗点上，终于找到了那位母亲，真正的母女团聚了。

在洒河桥镇的日子里，我们医疗队以严肃的作风、严明的纪律、严格的管理，本着救死扶伤的革命人道主义精神，精诚团结，不畏困难，冒着余震的危险，拯救了200余名重伤病人，诊治了500余名轻伤者与当地群众。

因陋就简战胜困难

抢救工作遇到的最大困难是对地震灾害造成的伤员情况不明，数量估计不清，受伤类别和程度无法估计。医疗队带来的抢救药品、敷料等消耗性材料很快用尽。药品匮乏，直接威胁着抢救工作的进行。例如，骨盆骨折、膀胱损伤的人员多，需要大量导尿管，队员们急中生智，抽去电线线芯中的铜丝代替导尿管；生理盐水不够了，就用食盐水消毒后替代，给成百的伤员换药；缺少夹板，就用木板代替；没有无影灯，就用马灯、电筒加镜子，全神贯注地进行手术。

队员们由于多日连续抢救，超负荷工作，睡眠严重不足。大家表现出高度的友爱精神，主动调整好不同工作的分工，让队员插空休息。

队员们来自武汉，习惯那里不分昼夜炎热的"火炉"气候。而万万没有料到迁西夏季"中午热，早晚凉"的气候变化。带来的汗衫、短裤怎么也抵不住北国早、晚的凉气，好多同志感冒了。由于饮食习惯的改变，胃肠不适杂粮，加上卫生条件受限，有些队员发生腹泻、痢疾，甚至发生了阑尾炎。这一切，在洒河桥高中和当地党政领导关怀下，我们都一一得以克服，保证了抢救工作的顺利进行。

师生队员并肩战斗

大批的重症伤员需要专人照料，特重伤员需要几人护理。仅依靠医疗队的70余人远远不够。这一重担很大程度上落到了洒河桥高中师生的肩上。他们组陈若干护理组配合医疗队工作，他们是那样地严肃认真，与我们并肩昼夜奋战在帐篷里，等候在伤员旁，给病人喂饭、喂水、翻身、正位、擦洗、打扇、接端大小便，帮伤员梳头、按摩、剪指甲、晒被褥、灭蚊蝇……有的同学年龄小，吃不消劳累，发起了高烧。工作强度太大，一些师生病倒了，可是他们顽强地坚持与我们并肩战斗在抢救第一线，至今让我难以忘怀。记得唐山东矿区二轻局干部曹亚男，是一名危重伤员。她因严重挤压伤，骨盆骨折。队员昼夜抢救，并派人迅速赶往唐山市，从医药公司的废墟中挖出抗菌素；同时，组织教师献血，手术抢救。专门护理她的是任振儒老师以及3名女同学。他们日夜守候，并用酒精擦身降烧。当时，任老师的老伴也有病在家，父母年迈，3个孩子读书，全家7口人靠他微博的50元工资维持，生活艰难。面对重病的伤员，他慨然把家中下蛋的母鸡熬了汤，端到伤员病榻前。曹亚男受伤的腰臀部疼痛，接触床铺难以忍受。手术第六天，开始发现褥疮。医生无意中说，要是有气垫就好了。任老师毫不犹豫地卸下了自己的自行车内胎，送到主治医师手中，于是一个自制的气垫舒适地放到了曹亚男身下。终于，病人转危为安了。

难忘迁西人民情

医疗队的工作，还得到了迁西县及洒河桥镇各级党政领导和人民群众的大力支持。

有一段时间，已有的五六个大帐篷很快就住满了。可运送伤员的卡车却一辆接一辆开来。如不及时搭盖新的帐篷，新来伤员就无

处安身。那天深夜，当我和队员正在抢救一名重伤员时，几十名前来支援的农民兄弟到了，风雨中全身透湿，气喘吁吁，每人肩上扛着一棵碗口粗的树干。原来他们是从10里外的山上砍下送来的。我们后来的帐篷就是用这些树干搭成架子，再用篷布盖成的。地上再铺上稀稀一排从农民那里借来的门板，权当床铺。外面下着雨，躺在铺板上，听着身下雨水哗哗流。然而，无论怎样，伤员和医疗队员栖身之地总算有了，大家心里好不感激。

地震后的一些日子，国家救灾物资跟不上，当地农民兄弟姐妹纷纷拿出自己的被褥、衣服支援伤员。老大娘颤颤巍巍地捧来家里的山果、鸡蛋喂伤员。洒河桥高中领导和师生全力以赴，除协助医疗队护理伤员外，还为伤员捐助生活物品，供应、安排数百名伤员和医疗队员的食宿。在饮食方面，学校和迁西县领导给医疗队以特别照顾，努力保障大米、细粮的供给。时过立秋，医疗队员早晚冻得直打哆嗦。迁西领导得知这一情况，立即从当地百货公司送来崭新的兰、灰卡其布中山服，不分男女，每人一套。武汉医疗队在迁西前后一个多月的日子里，目睹了迁西人民如何以极大的奉献精神，在当地也遭受震灾的情况下，（迁西正处唐山"等震线呈北东方向的椭圆带上"），顽强地支援这唐山人民，支援这前往就治的伤员，支援着我们武汉的医疗队。

根据上级抗震救灾的统一部署，8月20日以后，重伤员转送到全国各省市医院以及解放军医院治疗。伤员转走时，我们怕他们一路颠簸，仔仔细细将他们逐个安顿上车。伤员们在无情的灾难突来的没有落泪，而当离开陪伴他们生命中最难忘的20多个日日夜夜的武汉医疗队和洒河桥高中时，他们拉着医疗队员和师生的手，哭了，伤员们告别的热泪浸湿了迁西的土地。

一周以后，我们将离唐返武汉了。我们带着200多名重伤员新生的喜悦，带着500余名就诊伤病员康复后的感激，更带着迁西人民的深情厚谊，依依不舍地告别我们战斗过的土地。回到武汉，我们受到湖北省、武汉市党政领导和数千群众的热烈欢迎。医疗队的优秀代表吴肖英护士长还代表全队出席了全国抗震救灾先进集体和个人表彰大会。

光阴荏苒，日月如梭，离开在洒河桥镇战斗的日日夜夜，已有18年了。岁月虽久，记忆犹新。难忘18年前一起并肩作战的集体，难忘洒河桥高中师生的奋力协作，难忘迁西县各级领导的关怀与支持，更难忘那古朴集镇上人民的无限深情。然而最难忘的还是那些抢救康复的伤员，他们的笑，他们殷切的双眼。多少次仿佛又回到了当年那矮小的帐篷，简陋的病床；多少次仿佛又看到了洒河桥地区那明秀的山水，古朴的村庄。

迁西，愿你依然古风犹存，更愿你在那古老的地平线上辉映出更灿烂的晨曦！

（选自中央文献出版社2008年出版的《腾飞迁西：见证改革开放30年。唐振田，时任武汉赴唐山抗震救灾医疗队队长。）

胡耀邦总书记来迁西

赵 荣

1984年8月，县委组织部在洒河桥举办一年一度的工委、公社组织委员学习班。一天讲完课后，我到洒河桥旅馆门前去了一趟，见大街上人员集聚，不知出了什么事。不一会儿，只见一队白色的面包车队，有10来辆，由洒河桥车站向东开来。两边警察维持着秩序，车走得很慢，一辆一辆的。最后一辆右边的后车窗开着，有人向外招手。我一看，是胡耀邦总书记。这时我才想起为什么在洒河桥旅馆遇到了民警王立新，他已经在这儿住了3夜。当时我问他为什么住这儿，他说是截倒卖木材的，原来是保密，在执行警戒任务。

面包车队开出铁门关不远，在一个车站停下了，有随从人员下车和候车的人随便聊了几句就又上路了。不远，到了一个小村庄，

胡耀邦总书记和随从人员走进了一家院落。这家正办喜事，人来人往。胡耀邦总书记和随从进屋后坐了下来。这时这家人正登记上礼，来人很多，不知这位新来的客人是谁。有随从问："你们看电视吗？"有人回说没电视；又问："你们看报纸吗？"有人又回说哪有报纸看哪！随从见大家并不认识胡总书记，就与大家介绍："这位就是总书记、国家主席胡耀邦同志。这次是来革命老区看望慰问大家来了。"这一介绍不要紧，所有人都惊呆了。有的倒水，有的拿瓜子、花生、糖，围着总书记拉起了家常。大家说，粉碎了"四人帮"，人民生活蒸蒸日上，感谢党的好领导。聊了一会儿，胡总书记在乡亲们的一再挽留中挥手告别，乘车去了喜峰口公社。

这时的喜峰口已被水库淹没，昔日的三关口已成为水下长城，公社的办公地点已迁至铁门关村，这里离喜峰口约十华里。事先，公社的人已接到通知，早已做好了准备，连在哪儿用餐都做了安排，饭店换了桌布。当时的公社党委书记是张树清同志。他们在公社会议室座谈时胡总书记问张树清："你多大岁数了？"张树清回答："29岁。"胡主席又问："你任书记多少年了？"张树清回答："10年了。"胡主席饶有风趣地说："你还是个年轻的老书记哩！"胡主席又问了公社的生产情况。最后要求，要下力开发矿业，发展生产，改善人民生活。

胡总书记的下一站到了潘家口。

（选自2011年7月百花文艺出版社出版发行的迁西县文史资料第9辑《往事回眸》。撰稿人赵荣，迁西县兴城镇照燕洲村人。1945年9月生，1964年10月参加工作，历任县物资局仓库保管员、栗树湾子公社秘书、洒河桥工委秘书、新集工委组织员、县委组织部组织组组长、县物资局副局长、县商务局党总支副书记兼副局长等职，2006年10月退休。）

文化生活贫乏的 20 世纪六七十年代

赵印国

20 世纪六七十代，农村的文化生活相当贫乏，人们最大的享受莫过于看一场露天电影。如果哪个村有，十里八里也会跑去看。

为丰富农村文化生活，服务"文化大革命"，当时各大队团支部、民兵连都成立"毛泽东思想文艺宣传队"，把庄里的文艺爱好者组织起来，自编自演一些小型多样的节目，如表演唱、快板、对口词、大合唱、小合唱、舞蹈、活报剧等等，内容无非是毛主席语录歌、革命歌曲、批判性的小品。公社革委会也会组织调演。当时洒河桥二大队由于有文艺世家王孝文一家，经常被派到各大队演出，他们的节目出类拔萃。

那时年轻人有激情。夏夜，年轻男女聚到碾道，骑在碾子上或坐在碾台上，头顶月亮和星星，一首接一首地唱，直到把自己会唱的歌唱完才意犹未尽地散去。

一听说哪庄有电影，人们心里就长草了，尽管总是那几部老电影，连台词都快背得下来了，还是要看。吃过晚饭，仨一群俩一伙就上路了。无论冬天还是夏天，无论是霜天还是雪地，只要听到消息，就会情绪饱满地去捧场。

那时候通讯不方便，全庄只有大队部一部辘辘把儿电话，所以人们日常得知的消息，不是赶集上店听来的，就是走亲戚打听来的。不过，这样的消息往往出奇地不准。比如说看电影，几里地跑去了，日子却不对，不是昨天演了，就是明天才演，人们哭笑不得。小时候没少跑这样的冤枉道。更可气的是，有人不怀好意，假传消息，自己不去，只说有事或不想看，让别人白跑路。可无论人家如何胡闹，到时候就是不长记性，一有消息，还是扳不住筋儿。

人们想看热闹的心情还有过分的时候。那年一个秋后的晚上，

滦水明珠洒河桥

听说滦阳公社小寨大队有新编现代皮影,人们又都兴奋起来了,商量好吃了晚饭就去。那时候滦河上没大桥,都是过了汛期才架一道临时木桥。木桥很简单,下面打上桩、架上梁、摆上顺木,上面铺上秫秸、垫上黄土就算得了。那天,我们估计晚上会有船,十多个人就去了。可到河边一看,船没有,却有刚铺上木梁的桥。过不过?不过,6里地白跑了;过,谁也不能走着过去,只能抱着桥梁往前爬,要爬100多米才到对岸。关键时就有草鸡的了,包括我。但有几个还是爬过去了,看了几眼觉得不好看,又爬回来了。

看电影本来是一种享受,但要是赶上下雨,那就不再是享受,而是受罪了。可有时明知天气不好,心里还是痒得不行。这时如果有个主意正的人站出来说:"谁去?不怕挨浇的,走!"准会有几个人跟上去。如果没下雨,没去的人就会后悔半天;下雨了呢,没去的人也会庆幸半天。老天有时候会开我们的玩笑,不是看到一半儿上下雨,就是回来半路上下雨,浇成落汤鸡、挨顿大人骂、弄个感冒什么的是常有的事。

最难忘的是通宵等着看《智取威虎山》。那是一个夏天,听说晚上在洒河桥公社西院大戏台上演,人们奔走相告,全村能走动的人差不多都去了。可等了半天才有人说,片子拷贝少,只在我县演3天,今晚是跑片儿,有4个地方今天要上演,兴城、白庙子、三屯营演完了才轮到洒河桥。听了这话,大伙喊喊喳喳议论了一会儿,有人就地坐下了,有人找个房檐根儿睡觉去了。我们几个人睡着睡着觉着露水好大,身上全打湿了。我们高中老师杨若明也在其中,当时他手里拿着把大蒲扇。到了后半夜,偌大的操场,几千号人都坐着睡着了,集体打呼噜的声响真是闻所未闻。那时候管跑片的人很辛苦,得有责任心,而且还得由公社指派,似乎那也是当时的政治任务。至于他们当时是骑摩托,还是骑自行车,我就不知道了。下半夜3点多,片子终于到了。人们从梦中醒来,坐着看了这场电影。当年看了那么多电影,这是唯一一次大伙坐着看。片子当然好看极了,镜头变幻,花样百出,真是前所未有的享受。人们的激情一直随着剧情而起伏，不断有人发出掌声，有人还喊口号："向革命英雄学习！"

1965 年大东峪雹灾

赵印国

1965 年农历八月初二那天，虽然已经入秋，天还是那么闷热，但和往常一样，也没什么异常。白天就听说赵庄子晚上演电影《小兵张嘎》，尽管看了不知多少次，吃过晚饭，人们还是成帮结伙地去了。赵庄子离我村 4 里地，他们演电影一般都在本村小学操场。当我们到达那里时，偌大的操场上早已站满了人。那时人们还没有坐着看的习惯，夏天站得松一点，冬天站得挤一些。

电影按时开演。随着剧情的发展，人们全神贯注。当张嘎钻进窗口叫奶奶的时候，瓢泼大雨劈头盖顶就下来了，看电影的人们呼爹喊娘、四散奔逃。当村的往家跑，我们外村的 30 多人就只有躲进教室了。

这雨下起来就没完，到后半夜也没停。在教室里，我们先是聊天唱歌，闹闹哄哄，接着就有年龄大些、白天累了一天的人不顾喧哗酣然入睡了，而且鼾声如雷。有嫌鼾声大的，就找根笤帚苗子搔他们的鼻孔。闹腾到后半夜，雨还是没有停。这时有精神头的人也扛不住了，胡乱找个地方解乏去了。

早上 5 点多钟，雨停了。有醒得早的人招呼大家回家。进入我村地界时，我们发现这一区域不仅下了雨，而且还下了冰雹。路边的玉米秧叶子被砸得跟萝卜丝儿似的，高粱、谷子全部倒伏，山上的栗树也都光秃秃的了。过河的时候水很大，河面也宽了，漂下来的松木杆子、栗扑楞、各种庄稼淤了一河沿儿。当时人们心里一沉：完喽，今年的大秋算毁喽！进村一看，街道被冲出了一道 1 米多深的大沟，家家瓜棚被洪水冲出院外，门坎儿下还冒着泉，菜园里的

菜只剩了菜根儿，连小牛犊都被砸死了。好一场浩劫呀！没去看电影的老人有的在哭，有的在捡菜叶，有的收栗扑楞。沟沟壑壑堆积着没化掉的冰雹。

村干部把受灾情况报告了公社，公社又向上级做了汇报。县里迅速派人调查了受灾面积，并做出安排，动员全县人民支援受灾最重的大东峪。当天上午9点来钟，洒河桥公社的机关干部、供销社职工，还有中学生，好几百人带着家具来到大东峪。大队干部把人领到地里去打扫粮食。其实能打扫上来多少啊，只是尽一份儿心罢了。大东峪一小队队部非常热闹，兄弟大队的干部带着各家捐出的蔬菜来了，一拨儿接一拨儿，从上午到晚上一直未断人，蔬菜堆得像小山，会计赶紧给社员往下分。道马寨、赵庄子等村的一些热心社员从家里挑来白菜秧子。旧城唐沟大队派人赶着毛驴送来了新打的100斤黍子，来人不认得道儿，一路打听，傍晚才到。卸下黍子，饭也没吃一口就回去了。各家的亲朋好友也带上能吃的东西来了。那天，大队干部王凤明哭了两鼻子。一鼻子是早上起来看到牛都砸死了，庄稼完了，栗子完了，日子不知道怎么过了；一鼻子是看到党和政府、人民群众这么关心，一方有难，八方支援，场面太感人了。

大灾过后，大东峪人从沉痛中奋起，在各级领导和各地群众的支持下积极抗灾。因为尚在三伏，各队现从外地找来了荞麦种子大面积种上了，社员们也都在自家的菜园重新栽上了大白菜。那年不知怎么了，不管是新栽的，还是砸剩的根儿，家家白菜都获得了大丰收。

大东峪本来是个没啥名气的小村。过去一说大东峪，不少人会跟滦河东的"东峪"或"大洪峪"混淆起来。然而，经过这次雹灾，不少参加过救灾的人至今还都能记得洒河桥南边有个大东峪。

因为那次遭灾，大东峪人至今都有一种感恩意识，只要听说什么地方受灾了，捐款捐物都不含糊。

70 年代的大东峪村小学

赵印国

1973 年秋的一天，大队书记将我叫到大队，跟我说村小的杜老师调走了，想叫我去教书，问我怎么样，我连考虑都没考虑就答应了。当时我们大队虽然只有 100 多户，却有 100 左右个小学生，设 3 个教学班。那时小学是五年制，所以我们学校是一三年级、二四年级和五年级分别开班。教师只有牛俊祥、张国贤我们 3 个。我是新手，教一年级和五年级都不合适，就让我教二、四年级。那时已是"文革"中后期，从那时起，我在距家不过 500 米的小学度过了 8 年难忘的岁月。

20 世纪六十年代中后期，在以"人口众多"为荣的国度，计划生育被搁置，人口出生出现高峰，一家 3 个孩子算是少的。到了七十年代，这些孩子都到了入学年龄，给教育教学造成了很大压力。当时全国学习"侯王建议"，把中小学下放到大队来办，每个大队都要办一所完全小学。学校原有的设施，特别是师资力量明显不足，从社会上招用民办教师也就成了主要办法。当年我们高中 3 班毕业的同学就有十多个被招用为民办教师。民办教师的待遇当时是工分加补贴：每年 365 个机动工，由大队下拨到生产小队，参加生产小队分配；每月 5 块（后来长到 8 块）钱补贴由上级拨发。

到我教书的时候，政治运动就是"批林批孔"，公社文教室经常组织全公社老师搞学习批判活动。那时公社曾在洒河桥完小搞过一次"批判孔老二"图片展，图片画得很精美，作者就是如今颇有名气的山水画家关真全先生，那时他在桃园任教。驻队工作组和大队也经常利用学校教室组织学习批判活动，正常的教学秩序经常被打乱。3 个教师的学校搞得也非常正规，我们回家吃饭却要在学校住宿，周六在家住一夜，周日就要住到学校，晚上备课、批改作业。

一直干到很晚，还要写大批判文章，或是"讲用"材料。白天一个人一个教学班，我始终教"复式班"，这个学期教二、四，下个学期可能教一、三。后期学生少的时候，还在复式班里加了个幼儿班。仗着年轻体力壮，每天从早喊到晚，不辞辛苦，不计得失，出满勤干满点，满负荷工作。

那是个突出政治的年代。那时有一个词叫"办学习班"，每年放假，全公社教师就会被召集在一起，带着行李和粮票，在洒河桥高中办几天学习班。学习内容至今早已没了印象，但晚上和老师们一起聊天却长了不少见识。

那时县文教局重视教师培训，每月定期组织集中学习，上面派小学教研辅导员来讲教法，公社文教室也要配辅导员。我也当过两年辅导员，但由于并无实际工作，感觉并未起多大作用。为了提高教师素质，县里组织教师进修初高中文化。有一个阶段在小学推广"三算教学法"，文教局小教组周桂华老师负责培训。我参加了学习，但后来我体会实际效果并不明显，不知道什么时候这种教学法就被淘汰了。我还听过赵瑞忠老师讲初中数学。

由于教学成绩突出，1978年我被评为出席县的先进工作者，参加了全县先进教育工作者表彰大会，文教局颁发了奖状。

后来，张国贤老师调走了，本村的老高中生高恩瑞被选上来当了民办教师。高老师聪明肯干，多才多艺，会拉二胡，会识谱唱歌，会木工，会裱糊屋里，这些在教学或联系群众方面都派上了用场。我跟他一起给人裱糊过屋，还跟他学过两天二胡，会拉几支曲子，可惜后来没好好学，现在连原来的水平也没了。有一个阶段我产生了动摇，想离开教育岗位，偷偷做了许多木工家具，准备做个木匠。高老师知道后就给我做工作，费了很多口舌才使我稳定了情绪，坚持了下来。说实话，非常感谢高老师，要不是他的劝导，我的人生也许完全是另一个样子。然而，他自己却非常坎坷，实行民办教师转正以后，总是因为各方面条件限制年复一年地被卡在门外。但他有韧劲，一直在教育战线坚持，终成"正果"。

当年学校走五七道路，学工、学农、学军。为了补充教学经费不足，我们响应号召，大搞勤工俭学。每年秋天，一放假就组织学生割饲草、打柞椤叶。有一年，铁路修到家门口，我们就为铁路砸石子，每天下午砸半天。砸多了，就用车拉到铁路上去，学校也就有了收入。我们还组织学生吸过铁沙子。1974年，我们又开始养兔子，跟大队干部请示，在西山坡建了10间兔舍，买来荷兰兔进行喂养，学生们分班负责打草。张老师放学前后就蹲在兔窝边观察。兔子长得很快，繁殖得也很快。可后来因为下雨潮湿，兔子长了癣。特别是爪子上，长了很厚的一层银屑。有人告诉用煤油洗，但没管事，死了不少。赵庄子大队贾士权家一条大狼狗到兔窝咬兔子，损失也很大。养兔虽然失败了，但其他形式的勤工俭学并没有结束。

　　1976年9月9日下午，我正带学生们在河边砸石子，忽听大喇叭里响起了哀乐。那是我第一次听见哀乐。哀乐过后，播音员用低沉的声音播诵毛泽东主席逝世的讣告。当时我的心一下子沉下去了，泪水哗哗地流，感觉天都塌了，似乎已临末日。孩子们见我这样，当时都蒙了，不知所措。我告诉他们，我们最敬爱的伟大领袖毛主席逝世了。当时，很多孩子都跟我一起哭了。

　　到1978年，学校不再设五年级，大队对牛老师有了新安排。这样，学校就剩高老师我们俩了，在那些日子里，最难忘的事就是带学生们修了两条路。我们学校在两个小队中间的一条山沟里，到一队去要翻一座小山梁，到二队去的小道不到1米宽。孩子们上学，社员们开会，来去都很不方便。高老师从家里带了一把大镐，放了学就去开路。开始是他自己干，坚硬的麻粒岩被他一点点啃了下来，几天就修了好几十米。后来我也加入了，再后来就利用劳动课让大一点的学生也跟着干。不到半个月，从学校到山梁之间就抄平了，开出了一条两米多宽的山路，孩子们下学再不用顺着大斜坡子往下跑了。接着，我们把学校西边的那条路又拓宽了1米多。前些年，村里对这条路进行了拓宽，修上了水泥路。

　　由于爱写作，写个东西不犯憷，庄里有个活动或大队干部到外

边开个会啥的就由我捉刀。那时候大队干部文化不高，公社、县里开会要求发言，他们根本提不起笔来，于是说个大概意思就让我写。有时候大队开表彰会或批林批孔会，整个儿会议所用的材料都出自我手。因为这个，我一边教书，一边还要留意国家大事和庄里的事情，以备不时之需。当然，这对我也是一种锻炼。后来我从事了文秘工作，多亏这时有过锻炼，打下了点基础。

滦河纪事

李林山

　　北团汀早期拓荒者们在基本解决了吃饭、烧柴问题以后，又继续开发利用了滦河的水利资源。

　　滦河从发源地到乐亭注入渤海，全长 888 公里，流域面积44，945 平方公里（见《河北水利志》），以源远流长、水量丰沛著称华北。其水运可上溯至东汉末，曹操为北征乌桓曾大开运渠。建安十一年，平虏渠、泉州渠和新开渠相继开通，并与黄河、海河、滦河连为一体。其中，新开渠就是连接蓟运河与滦河的运渠。中国陆路交通发展较晚，直到清代还是以水运为主，到了清末民初才有京山铁路。北京至承德的铁路修得更晚。所以，当时口里与口外的物资交流主要靠滦河水运。而促进滦河水运发展的当首推康熙。康熙二十年，他选定滦河中游山峦叠翠之处设木兰围场（在今承德地区）岁举秋猎，后来又在康乾盛世建成了避暑山庄和外八庙。当时，那里所需的贵重木材都是通过滦河从南方运来的，先是通过海运运至滦河口，再用木船拉到承德。京山铁路修通后，滦县成为南北物资集散中心，承德、内蒙需要内运的大米、面粉、食盐、布匹、日用品和需要外运的木材、山货、干鲜果品等，都是以滦县偏凉汀码头为中转站。最盛时期，偏凉汀码头每天都有 200 多条船停靠。滦县以上，依次有迁安县城、迁西兴城、洒河桥、潘家口、下板城、滦平县城、承德等码头。1931 年九一八事变后，日本人占领了东三省及热河，并在潘家口设立海关，过往船只必须停靠以缴纳海关税。

北团汀处在若干码头中间，离洒河桥、兴城不远，是一个靠水运发家致富的村庄。据《迁安县志》记载，民国二十年（1931 年）全村有 60 户人家，拴船 20 多条。每船至少需要 3 人，一个掌舵的，两个拉纤的。也就是说，当时至少有 60 人从事这一行业。

拉船是又苦又累又危险的活儿。掌舵的非常重要，所有的身家性命都操在他的手里。他必须熟悉滦河水情，了解每处险滩暗礁，具有丰富的驾驭经验。拉纤则比较简单，年轻力壮就行。在滦河上行船，不论是上水还是下水，一般都不能空驶。满载货物的下水船，必须行驶在河道中心线水流最快的地方。为了加快速度，两个拉纤的变成划桨手，用力向前划；掌舵的则要站在船尾，目不转睛地掌握方向。特别是过龟口，就像过鬼门关。同时，为了安全还必须结伴而行，船与船之间保持一定距离，十几条船顺流而下，当时也曾是滦河上的一道风景。拉上水船，纤夫最苦最累。滦河大部分穿行于深山峡谷之中，水流降坡比较大，想把载重近万斤的木船从滦县拉到承德，绝非易事。特别是拉哨，更难：两脚蹬地，两手抓地，拉紧纤绳，不能松一口气。掌舵的这时也要下水推船，并不断地发出喊声，三人齐心协力才能把船拉上去。一天的行程不知要上几回哨。从北团汀到潘家口，就有下哨、北哨、牤牛哨、黄石哨、走马哨等。我生长在河边，从小目睹先辈们的艰辛。我家河东曾有一块大石头，上面被纤绳磨擦的纤痕竟达两三寸之深。

北团汀的水运业大体有三种情况：一是自己无船，完全受雇于他人，只赚船工钱；二是自己有船，船工也自己干，只是人手不够时再雇一两个帮工，除付船工钱外，收入全归自己；三是自己有船，又是船工（有时也临时雇人），同时又经营购销，除可获得全部运费外，还可赚取商业利润。李子阳家就是这种情况，自己造一条船，掌舵的、拉纤的都是自家人（有时也雇一个拉纤的）。同时，他还

利用早年在承德平泉当店员的经验，经常往来于承德、下板城、洒河桥、滦县之间，靠诚信取得商界信任，从而成了小有名气的老板。因为他的关系，本村其他船家也都有脚可拉。后来他赚了钱，日子越来越好，到土改前除有 60 多亩土地，还有两处山场。

随着水运业的发展，造船业和修理业也兴盛起来。本村有专门的造船和修船师傅，成为木匠的另一支。造木船比较复杂，船体的设计是长约 9 米，高 1.5 米，底宽 2 米，舷宽 2.5 米，船头尖，船尾半圆，两头翘起，前有铁锚，后有尾舵。制造工序是先在河滩上搭一平台（木架子），在平台上铺好底板，在底板上固定好龙骨架，在龙骨架两侧钉好舷板和两帮，最后向上收拢。为使两头翘起部分不变形，还要用火烤。整个船体造好后，将船翻过来，将抹上石灰膏的青麻凿进木板之间的缝隙。然后再翻过来，在龙骨架的底部铺上底板，上面就是货舱了。船的前部还装有桅杆，高 6 米，顶部做出拴纤绳的地方和挂帆的滑轮。船行上水时靠两个纤夫拉，遇到顺风时则可将帆挂起，靠风力推进。船帆除了可用来借风行船，还可以苫盖货物、搭建船棚。

船只能在春夏秋三季运行，冬季封河前必须拉上岸，用沙子埋起来，等来春再挖出，但再次下水前须严格修理。所以，每年一开春，河岸上到处都是修船的，用猪血血纤绳的，用蜡涂抹帆篷的，一片繁忙景象。

船工们由于经常泡在水里，加上繁重的体力劳动，静脉曲张和寒腿（关节炎）是他们的职业病。

这样奋斗不知过了多少年，到 1937 年日本全面侵华后，滦河水运就有些萧条了。但一直到解放初，北团汀仍有两条船在运行。后来，北京到承德的铁路修通，加之 1956 年农业合作化，取消民间商业活动，滦河水运才彻底结束。

除了上下水运，北团汀人对滦河水能也很早就进行了开发，最典型的就是本村商号兴合堂。当时，北团汀有永合堂、春育堂、万德堂等好几家商号，但都没有兴合堂那样的名气。兴合堂，属本村李振文家的商号。提起兴合堂，李振文的侄子李春庆回忆，开始也没什么土地，吃饭有时也成问题，但后来意外地得到了一些银两，狠心又借了点外债，才凑足钱买了块地。之后省吃俭用，苦心经营，但每到年关都要到外面去躲债。也许就是这种敢于负债的精神让他们实现了最初的资本积累，后来他们在滦河边上建起了两盘水磨，成了他们发家致富的起点。

当年，这两盘水磨就建在村东水流落差较大的下哨。两盘水磨需建3个挡水坝，坝体须在每年秋后建起。建坝时不用水泥也不用石灰，硬是用河卵石垒。先打好木桩，木桩与木桩之间用榆树毛子编的绳子连接，然后再在木桩内侧垒上石头，并在每层石头中间充填上柴草以便固定。石坝垒好后，在三坝两空之间的河床上建好石磨的底礅（相当于现代水轮机的定子），底礅上安装两个巨大的木制水轮机（磨头，相当于现代水轮机的转子和叶轮）。再于坝顶用木梁和秫秸搭上平台，将底扇磨盘与磨头固定，上覆水磨的上盘，一副水磨就成了。上面再搭一个草棚，就是磨坊。磨坊建好后，放水通过木制水轮机，磨头就带动水磨的下盘转起来，与固定不动的上盘形成磨擦，加工出产品。

当时他们主要为各香坊制作香面子。岸上有人不停地将木料砍成木札送到磨坊，磨坊里有人不停地将木札放入磨眼儿。这样，可以一直运行到洪水到来之前，全年运行200多天，生产香面子上千吨。这些香面子除很少部分留给本地香坊外，大部分都运到滦县，用火车运到山海关自家香坊。产出的香销往东北及关内各地，收入相当可观。以致后来兴合堂发展成了一个拥有土地400亩、马车3辆、牛十几头、产供销一条龙的制香企业。经济基础有了，人丁也兴旺了。据说，他家当时有50多口人，而且都很勤劳朴实，没听说他们哪个儿孙好逸恶劳。

北团汀紧靠滦河，有利有弊。特别是遇到大洪水，干河槽透水行洪，村子就会四面皆水，成为与外界隔绝的孤岛。土地被淹，房屋被毁，全村唯一的一口吃水井这时也会被淹没于泛滥的洪水之下。每当这时，人们只好到河边挖泉取水，或直接从河中担浑水，到家沉淀一下再吃。每天担水都要走很远的上坡路，没有劳动力的人家这时吃水更是困难。

据《迁安县志》记载，明万历三十三年（1595年）、清康熙十年（1671年）、光绪九年（1883年）都发生过百年不遇的洪水。特别是光绪九年的那场洪水，村南坎儿下（地名）李长山家进水塌炕，全村大面积农田被淹。人民逃生无路，有的用绳子将全家人连在一起，准备死在一处，幸亏洪水没有再涨。从此这里就有了一种说法，说北团汀是龟地，水涨地升，是永不沉没的宝地。

但不久就出了李长林一家的惨剧。长林常年在外跟戏班，36岁时才娶了19岁的寡妇，生下一对双胞胎女儿。孩子2岁时，媳妇过河时被水冲走了，只得由奶奶抚养，孩子又生病。奶奶觉得实在养不活两个孩子，就狠心把一个病重的孩子扔到河里冲走了。等长林回家，老婆和一个女儿已死，只留下了一个香儿（李春珍），娘俩大哭了一场。香儿是幸存者，也是旧社会苦难的见证人，她亲眼看到了新中国的成立，亲身体验到了社会主义的幸福。现在，她有一个美满幸福的家庭，可当有人提及妹妹时她还是禁不住泪流满面。

1962年，滦河又发生了一次大洪水，李长山家再次进水塌炕。县委、县政府闻讯后立即向地区行署作了报告，地区领导急派直升机救援。可是，当飞机来到村庄上空时俯瞰到的却是另一番景象：家家炊烟袅袅，一片宁静，有的人还在河边捞木头，丝毫没有慌乱之状。于是又向北飞，当飞到洒河桥上空时，看到房屋被淹，有的骡马站在房顶上，才把食品空投下去。在这次洪水面前北团汀人之所以临危不惧，或许因为见识过光绪九年那场洪水，或许因为迷信"龟地"之说，总之，直到大黑汀水库蓄水催迁还有个别人相信北团汀永不沉没。1983年大黑汀水库蓄水到125米高程时，我乘船回故乡看过一次，水位远远超过1962年那场洪水，坎儿下已全被淹没，船停靠在李春海家的房顶部位。说"水涨地升"，完全没有的事儿。

　　淹死人的事也时有发生，李长林的媳妇只是其中之一。在我的记忆中，仅在她之后被淹死的就不下十几个，其中有李洪顺的前妻，李洪福的大儿子李春印（当时在捞木头），李育春的儿子李林贵，还有吴连波。1972年农历八月十三，还发生过一次因沉船而导致8人同时死亡的事件，其中有李福龙的两个女儿、李春芳的女儿、李春信的儿子、李福斋的儿子、李福喜的女儿、李春义的女儿、李福平的儿子。

　　说起滦河，它给了我们太多的记忆，而这记忆，有美好的，也有让人伤心的。

　　（选自2011年7月百花文艺出版社出版发行的迁西县文史资料第8辑《乡村纪事》）

九、英才辈出

赵弘

赵弘，生卒无考，在《元史·赵炳列传》中，称"父弘，有勇略，国初为征行兵马都元帅，积阶奉国上将军。"史家惜墨，寥寥22个字就概括了一位开国将军的一生功绩。由于史料缺乏，人们对这位在建立蒙古帝国中建有功勋的战将只能凭家族历代传说描述，然因年代久远，传说难免走样，但流传至今的故事足以引起人们无限遐思，从中领略其横刀立马的鲜活人物形象和那有情有义有胆有识备受朝人敬仰的人格魅力。

赵弘是成吉思汗铁木真建立蒙古帝国元勋之一。南宋开嬉二年（1206年），铁木真被蒙古各部酋长推为蒙古大汗，尊号为成吉思汗，蒙古帝国正式诞生。此前，赵弘已是铁木真帐下一员大将，在击败塔塔儿、乃蛮、克烈等部，统一漠北的进程中立下赫赫战功，不断得到重用。建国后，成吉思汗封赵弘为征行兵马都元帅，这是元代专设于边境防卫的实职武官，后又逐步将其进级升至属从二品武散官的奉国上将军官衔。从这么高的官阶职衔来看，成吉思汗对赵弘钟爱信任有加。在金戈铁马，战火纷飞的戎马生涯中，君臣结下了深厚的情谊。由于多年征战，赵弘积劳成疾，奉旨养病于"惠州滦阳滦河东岸西铺"（位于大河山村原址西一华里处）。成吉思汗晚年虽日理万机，但仍然念念不忘赵弘，便差人来惠州下旨，召其回京。当时蒙古国都城远在距乌兰巴托以西365公里的哈勒和林。赵弘其时身体虽已恢复，但因路途遥远，且厌烦战争，实不愿再回京任职，便说服御史谎报"卧病在床，不能前往。"成吉思汗闻听赵弘仍然卧病，便又下令："我与赵弘感情至深，实在想念，又难脱身探望，无论如何也要将赵弘抬来一见！"差人二次来到赵家传旨。赵弘素性刚烈，自知已犯欺君之罪，遂拔刀自刎。来臣只得将赵弘的首级带回面君。成吉思汗问明原委，叹惜道："赵皇兄，孤实在想念你，你何必如此！"为褒扬忠义，成吉思汗下旨为赵弘铸金首治御葬，选在今大河山村北六华里远的西水峪沟门北山前造墓。此墓就是被赵氏家族俗称的"西老坟"。过去这里有很多石像生，这里已被县里定为文物保护地。（赵印国整理）

赵炳

赵炳（1922年—1280年），字彦明，元朝惠州滦阳人（今迁西县洒河镇大河山村人）。父弘，有勇略，国初为征行兵马都元帅，积阶奉国上将军。炳幼失怙恃，鞠于从兄。

岁饥，往平州就食，遇盗，欲杀之，兄解衣就缚。炳年十二，泣请代兄，盗惊异，舍之而去。

甫弱冠，以勋阀之子，侍世祖于潜邸，恪勤不怠，遂蒙眷遇。世祖次桓、抚间，以炳为抚州长，城邑规制，为之一新。己未，王师伐宋。未几，北方有警，括兵敛财，燕蓟骚动。王师北还，炳远迓中途，具以事闻，追所括兵及横敛财物，悉归于民，世祖嘉其忠。

中统元年，李璮叛，据济南，炳请讨之。国兵围城，炳将千人独当北面，有所俘获，即纵遣去，曰："胁从之徒，不足治也。"济南平，入为刑部侍郎。后济南妖民作乱，赐金虎符，加济南路总管。炳至，止罪首恶，余党解散。岁凶，发廪赈民，而后以闻，朝廷不之罪也。

至元九年，帝念关中重地，思得刚鲠旧臣以临之，授炳京兆路总管。皇子安西王开府于秦，诏治宫室，悉听炳裁制。王府吏卒横暴扰民者，即建白，绳以法。王命之曰："后有犯者，勿复启，请若自处之。"自是豪猾敛戢，秦民以安。有旨以解州盐赋给王府经费，岁久，积逋二十余万缗，有司追理，仅获三之一，民已不堪。炳密启王曰："十年之逋，责偿一日，其孰能堪！与其哀敛病民，孰若

惠泽加于民乎！"王善其言，遽命免征。十五年十一月，王薨。

十六年秋，被旨入见便殿，帝劳之曰："卿去数载，衰白若此，关中事烦可知已。"询及民间利病，炳悉陈之，因言王薨之后，运使郭琮、郎中郭叔云窃弄威柄，恣为不法。帝卧听，遽起曰："闻卿斯言，使老者增健。"饮以上尊马潼。改安西王相，余职如故，即令乘传偕敕使数人往按琮等。至则琮假嗣王旨，入炳罪，收炳妻孥囚之。炳子仁荣诉于上，即诏近侍二人驰驿而西，脱炳，且械琮党偕来。琮等留使者，醉以酒，先遣人毒炳于平凉狱中。其夜星陨，有声如雷，年五十九，实十七年三月也。帝闻之，抚髀叹曰："失我良臣！"俄械琮等百余人至，帝亲鞫问，尽得其情，既各伏辜。六月，诏雪炳冤，特赠中书左丞，谥忠愍。

子六人：仁显，早亡。次仁表，仁荣，仁旭，仁举，仁轨。仁荣仕至中书平章政事；余俱登显仕。（节选自《元史》）

参考译文：

赵炳，字彦明，惠州滦阳人。他的父亲赵弘，是元朝勇敢又有谋略的武将，对元朝开国有功，后升为镇国上将军。炳自幼失去父母，由堂兄抚育。因年岁饥荒，前往平州去谋生，途中遇到强盗，要杀他们，堂兄甘愿受死。赵炳当年只有十二岁，他哭着请求代堂兄去死。强盗很惊异，把他们都放了。

刚满二十岁，因为是勋臣之子，赵炳在王府侍奉还未登基的世祖，勤谨不懈，于是深受世祖钟爱。世祖驻扎在桓州、抚州间，让赵炳做抚州长官。（赵炳就任后，）城镇的格局规模为之一新。己未年，蒙古大军伐宋。不久北方有警事，官府征兵及搜括民间财物，使燕、蓟骚动。蒙古军北还，赵炳在中途迎接圣驾，把北方所发生的事一一向世祖报告，并受命去追查所征兵卒以及搜括的民财，把这些都归原主，世祖嘉奖他忠诚。

中统三年，李璮反叛，占据济南，赵炳请领兵征讨。官军围城，赵炳领兵千人独自挡住北面，将所俘叛军立即释放回去，对他们说：

"你们是胁从，不值得治罪。"济南李璮反叛平息，赵炳入朝任刑部侍郎。后来济南妖民作乱，（命赵炳去镇压），赐给他金虎符，加封济南路总管之职。赵炳到济南，只惩办首恶，其余全部释放。年成不好，赵炳打开官仓赈济百姓，而后把这件事上报朝廷，朝廷也不治他的罪。

至元九年，皇帝考虑关中重地，想找一个刚毅耿直的老臣去管理，因而授赵炳为京兆路总管。皇子安西王在秦地建王府，皇帝诏令赵炳督建宫室，一切由赵炳裁决。蛮横凶暴骚扰百姓的王府差役，赵炳就向上级陈述自己意见，对违法者加以惩处。安西王说："今后有犯法者，不必禀告，可自行处治。"从此以后，豪猾之徒收敛了许多，秦地百姓才得安宁。朝廷决定，将解州的盐税作为王府经费。年深月久，拖欠二十余万缗，官府追征，仅收三分之一，百姓就已负担不了。赵炳私下对王说："十年所欠之税，责令一日还清，谁能承受得起？与其催征使百姓困苦，不若施恩惠给百姓。"王认为他的话有理，立即下令免征。十五年十一月，安西王去世。

十六年秋，赵炳奉旨入京，在便殿拜见皇帝，皇帝慰劳他说："卿去了几年，头发斑白，衰老至如此，关中的事繁多可以知道了。"问及民间情形，赵炳一一陈奏，顺便指出在王去世后，运使郭琮、郎中郭叔云窃取权力，为非作歹。世祖原是躺着的，听了赵炳的陈奏，立即起身说："听了你的话，使老者精神振奋。"赐他白马奶。改任安西王相，其它职务像从前一样，并立即派他乘驿车，带领皇帝的几个特使前往审查郭琮等罪行。赵炳到了以后，郭琮就假造嗣王的旨令，诬告赵炳，将赵炳及其妻室儿女囚禁起来，赵炳的儿子仁荣向朝廷申诉，朝廷诏令近侍二人快马向西去把赵炳解救出来，并且逮捕郭琮等人。郭琮等把朝廷使臣灌醉，先派人用药在狱中毒死炳。这一夜有星陨落，响声如雷。当时赵炳年五十九岁，这是十七年三月的事。皇帝听说了这件事拍着大腿叹息说："失我良臣！"不久上了刑具的郭琮等百余人到了京城，皇帝亲自审问，得到他们不法的全部情况后，就各自服罪。十七年六月，炳的冤情

得到昭雪。特赠中书左丞，谥号"忠愍"。

子六人：仁显，早亡。次仁表，仁荣，仁旭，仁举，仁轨。仁荣仕至中书平章政事；余俱登显仕。（马振　译文）

李安宅

李安宅（1900～1985年），河北省迁西县白塔寨村人。字仁斋，笔名任责。著名社会学、人类学、民族学家。曾任四川省政协委员，中国社会学研究会顾问、中国民族学会顾问、中国民俗学研究会顾问等。

1923年考入山东济南齐鲁大学，后转入北平燕京大学社会学系研究班。1926年获该系文学学士，毕业后留任该校社会学系助教、讲师和国学研究所编译员。因通英文，被张家口苏联领事馆聘为英文翻译，并加入了中国共产党。后赴美留学，与党组织失去联系。1934年，接受罗氏基金会奖学金，赴美国加利福尼亚大学、耶鲁大学人类学系留学。在此期间到美国新墨西哥州和墨西哥从事印第安民族社会教育的考察和研究，并撰写了《印第安祖尼的母系社会》一书。随后又翻译了英国人类学家马林诺夫斯基的《巫术科学——宗教与神话》、《两性社会学》等。1937年回国，任燕京大学社会学系讲师、副教授。1938年，北平沦陷，接受陶孟和、顾颉刚两师的建议，以教育部边疆视察员的身份，赴甘肃兰州，与其妻藏学专家于式玉一道深入甘南藏族地区拉卜楞寺，从事藏族文化促进工作和社会人类学实地调查研究。在此期间，撰写有关藏族宗教、文化和民俗等方面的论文，并撰写了《藏族宗教史之实地研究》一书。1941年李安宅离开拉卜楞寺到成都，任华西协和大学社会学系主任、教授、边疆研究所所长。1944年与张逢吉、任乃强等人到西康省南北两路进行藏族社会调查，为时半年，写下了《喇嘛教萨迦派》、《西康德格之历史与人口》等文。1947年应美国耶鲁大学的邀请，任该校研究院人类学系客座教授。翌年，赴英国考察和讲学。1949年回国后，参加人民解放军，投身于解放西藏的事业。随人民解放军进至昌都后，与于式玉一道创办了昌都小学。1951年到达拉萨，在西藏军区政治部协助解放军办藏语文培训班，并担任藏训班编审委员会副主任，同时还兼任西南军政委员会委员。1952年3月，参与创办拉萨小学，并担任该校副校长。1955年调回成都，任西南民族学院副教务长，并从事民族政策的教学工作。1966年调四川师范学院，任该院外语系主任兼院副教务长、教务处副处长，并担任英语教学工作。曾任中国社会学研究会和中国民俗学研究会顾问、四川省政协委员等职。1985年3月4日在成都去世，享年85岁。

其学术贡献主要体现在社会学和藏学两个方面。他是最早运用现代科学的知识和方法实地考察和研究藏区的学者之一。在教育方面，参与创办拉卜楞小学、昌都小学、拉萨小学及西南民族学院，为藏区教育的发展作出了贡献。（马振　整理）

吴凯素

吴凯素（1879～1974年），原名吴开素，女，本县南团汀村人。生于书香世家，受到良好的家庭熏陶。清光绪二十四年（1898年）出嫁到本县东营村，与贫苦农民郭有林结为夫妇。民国22年（1933年）日寇进关，侵占冀东，国民党政府消极抗日，欺压百姓，人民处于水深火热之中。因此，吴凯素对日本强盗和反动统治者痛恨不已。

民国28年（1939年）春夏之交，抗联第十四总队政治主任韩东征率八路军二十三总队于境内滦河南北打游击；多次到东营村宣传和发动抗日，吴凯素主动与之接触。在韩东征的启发教育下，她

由一个普通农家妇女，转变成具有一定革命觉悟的抗战新女性。同年夏，东营村建立了党支部。抗日干部和工作人员经常来这里活动，吴凯素的家成为党的秘密活动的联络点，她整天走东家，奔西家，发动妇女参加识字班，学唱抗日歌曲，站岗放　哨，慰劳子弟兵，护理伤病员等。每逢同志们来到他家，她和儿媳张贺凤就忙里忙外，又烧水，又做饭，热情接待。为了招待同志们，她一家常以树叶和糖菜充饥，把省下来的粮食，甚至连栗子、梨干、杏仁、倭瓜籽之类的小吃物都收藏起来，留做招待抗日人员。

民国 30 年（1941 年）6 月，迁遵兴联合县基干队到东营村扩军，由于环境残酷，扩军工作十分困难，这时，吴凯素说服家人，第一个送大儿子郭立锋报名参军。在她的带动下，东营、松岭、长河峪、北团汀等村，出现了送子送郎参军的热潮。

民国 31 年（1942 年）敌人大搞"治安强化"运动，频繁进行"清剿"、"扫荡"，妄图摧毁抗日基本区。一天，驻喜峰口和洒河桥的敌人联合讨伐东营村。抗联村委接到情报后，立即通知群众转移，吴凯素和儿媳为照料患痢疾瘫卧不起的女重病号刘建华和腿部重伤的十二团战士小杨而留在家里。敌人进院搜查时，也临危不惧，披头散发装疯婆，巧妙地骗过了敌人，确保了这两位伤病员的安全。

在护理刘建华和小杨的日子里。吴凯素饭吃不好，觉睡不沉，一天到晚给他们洗脏衣，换药布，擦伤口，端尿端屎。夜里听到小杨伤痛呻吟，她赶快把水送到小杨的嘴边上，吹凉后一口一口地喂；整药片不好咽，她就掰开分着给小杨服；小杨大小便不能自理，她亲自端着便盆为他接屎接尿。小杨害羞。她说："孩子，别不好意思，你妈不在跟前，我就是你的亲妈，咱娘俩不计较这些。"在饮食上，吴凯素更是精心调剂，百般照顾。昼量做一些营养丰富的饭菜给他们吃，家里的母鸡下了蛋，自家人一个也舍不得吃，都给刘建华和小杨补了身子。在她的精心护理下，刘建华和小杨很快恢复了健康，先后返回战斗岗位。临走时，他们都是紧紧地握着吴凯素的手，嘴里唤着"妈妈"，洒泪而别。

暑去寒来，吴凯素送走了一批又一批伤病员。有 90 余名伤病员受过她的护理，有些生命垂危者，在她的精心护理下，也都死里逃生，康复归队。每当做军鞋的任务下达后，吴凯素都是抢困难，挑重担，积极主动完成任务。

　　民国 32 年（1943 年）秋，日军独八旅团疯狂"扫荡"长河川抗日根据地。一天，敌人大举朝东营村讨伐出发，吴凯素镇定自若，和村办事员郭养民等一起照顾群众和伤病员转移，恰在此时区委派人从滦河西转来的 12 驮子手榴弹交东营村保存，情况紧急，吴凯素不顾一切地和郭养民等一齐往山里搬运手榴弹箱子。她年老脚又小，路上被石头拌倒，腿部摔伤，鲜血浸透了裤子，但她全然不顾，咬牙坚持搬运。终于在敌人进村前将手部坚壁起来。

　　民国 34 年（1945 年）春，冀热辽军区、行署在三屯营召开群英大会，表彰抗日有功人员。吴凯素出席了这次大会，被授予"冀热辽拥军模范"的光荣称号，荣获一面锦旗，一头毛驴，半匹大线布的一等奖品。

　　抗日战争胜利后，吴凯素已年近古稀，但她人老雄心在，继续投入解放战争的支前工作。1946 年，八路军"新华队"在东营村建立了兵工厂，因雨季运输受阻，兵工厂生产的许多弹药无处存放。吴凯素得知后，让老伴和儿子搭铺睡在院中，腾出自家两间房子作了弹药库。

　　1947 年和 1948 年，境内连续发生灾荒，为响应政府发出的"生产自救"的号召，吴凯素积极配合村干部开展生产渡荒运动，组织妇女纺棉织布。支援前线，直至解放战争胜利。

　　1951 年 9 月 16 日，李楚离率中央访问团访问冀东革命老区。访问团到达迁西时，特地派人将吴凯素接到县城参加了七千人联欢晚会。月底，吴凯素应访问团邀请赴北京参加国庆观礼，在北京怀仁堂盛大招待会上，荣幸地见到毛泽东、刘少奇、周恩来等党和国家领导人，此后，她又多次应邀出席省、市、县人民团体代表会议，享受到党和人民给予的很高的政治荣誉。1974 年 1 月 8 日，吴凯

素因病去世，终年95岁。

迁西作家、编剧梁宝君创作了电影剧本《冀东兵妈妈》，后由郭凯敏导演、赵越饰演吴凯素，于2014年4月在唐山举行了全国首映式。（马振　搜集整理）

军旅作家张凤雏

张凤雏，1936年4月出生于今迁西县洒河桥镇车道峪村（当时隶属迁安县）一个富裕的农民家庭。父亲张耀红，字兴业，在洒河桥经商。张凤雏的儿童年代，经历了抗日战争和解放战争时期，艰苦的生活和恶劣的环境，使他养成了不畏艰苦、奋发图强的坚定性格。他参军后，在部队锻炼成长为一个著名作家。因工作关系，我县曾向他征求对《迁西县志》的修改意见，也曾请他和董殿稳帮助联系李运昌为《迁西县志》作序。他对家乡的热情关心，至今令人深深的怀念。

1950年，张凤雏初小毕业后，考入了洒河桥高小。1952年秋高小没毕业，他便只身出走，到大连去投奔了当俄专校长的大哥张凤宇。1955年8月，在俄专以优异成绩完成初中学业。当年又考入沈阳炮兵学校，期间曾历任三十一军独立炮兵营见习班长、排长。虽然学习成绩优异，32门功课全是5分，但却因为"分散精力看小说、写小说"而被取消"优秀学员"的称号。

沈阳炮校毕业后，他奔赴了福建前线。1958年参加了著名的"八·二三"炮击金门战斗，英勇作战40余日。当年秋，他从炮击金门阵地上撤下来，边工作边看书。虽然有人批评他"不务正业"，但他却依然故我。

1961年4月，他加入中国共产党。先后曾人福建生产建设兵团二师政治部宣传科干事，陆军三十一师政治部宣传处、文化处新闻干事等职。当年冬，他写了一篇取材于本连队日常生活的短篇小说《野马驹》。小说终于刊出，获总政征文优秀作品奖，旋即被抽调到军政治部文化干事。当时战友们开玩笑地说他是："骑着'野马驹'到军部去的。"

　　文学使他幸运，又使他遭到不幸。上世纪 60 年代"文革"初期，他受到文艺界牵连，作为"5·16"分子被发配到福建生产建设兵团，在闽西挖煤 8 年。困厄，让他感到不幸，又使他有幸找到了文学的沃土。长篇小说《铺满苔藓的路》就是以这段生活经历为素材的力作。这部作品，是他利用暑期在滦河畔的故乡修改而成的。

　　1979 年，他任福州军区政治部文艺创作组副团职创作员。创作中篇小说《越海侦察》，由解放军文艺出版社作为 30 周年献礼作品发行，列为总政下发连队的战士五本读物之一，并荣立三等功。1983 年任正团职创作员。1984 年任武警总部政治部创作组正团职创作员。此期间与人合作的电影剧本《祁连山的回声》拍成电影，荣获国家政府奖，并相继创作出版了长篇小说《铺满苔藓的路》《沙滩上的脚印》，与人合作的《死囚生还录》，以及中篇小说《山岳枫红》，中篇报告文学《车轮滚滚》、《独龙江独好》等。由于创作成绩突出，多次受福州军区政治部、武警总部政治部、北京军区政治部的嘉奖。1988 年暑假，回到家乡修改小说，并应邀为家乡中学师生介绍自己的创作经历。他说："近些年来，我的足迹踏遍天南地北，饱览了祖国大好山川，但我还是觉得哪里也不如家乡好。"县电视台为他录制了自传体电视专题片《铺满苔藓的路》，该片于 1989 年夏由中央电视台"人民子弟兵"栏目播放。1988 年 8 月，任北京军区政治部编研室正团职干事，授上校军衔。

　　1989 年秋季，《迁西县志》征求意见稿已经打印成册，为了广泛征求意见，地方志办公室的同志专程到北京给他送去县志稿，当时受到了他的热情接待。11 月份，他应邀与国家和省、市方志专家、学者来迁参加《迁西县志》稿评审会。在评稿会上，他为家乡的县志稿提出了许多好的意见。

　　1990 年底，县志稿补充修改工作基本完成，地方志办公室的同志去北京找张凤雏和迁西籍的董殿稳，帮助联系原冀东老司令李运昌为《迁西县志》作序。他还为家乡县的纤维板厂引来瑞士低息

贷款,并为迁西县在北京和厦门特区建立经济实体和办事处而奔走。1991年任北京军区机关八里庄干休所营建指挥部副师职副政委。1992年3月,晋升为大校军衔。当年4月离职退休。1993年,应县文联邀请,与北京鲁迅文学院、《当代》《诗刊》编辑部诗人、作家同来迁西辅导创作讲习活动,为培养家乡文学作者尽心尽力。

1996年1月27日,因患癌症在北京去世,终年60岁。名人早逝,令人惋惜!

张凤雏的一生,刻苦勤奋,著作颇丰。他不仅创作出了许多小说、报告文学等,他还热心讴歌老一辈革命家光辉业绩,先后为杨成武整理长篇回忆录《忆长征》《战华北》,为皮定钧撰写了长篇传记《皮定钧传》,还参与《聂荣臻传》的编写。他为反映我党我军革命历史做出了重要贡献。

张凤雏的一生,为党和军队的宣传、文化事业献出了毕生精力,鞠躬尽瘁,死而后已。他是奋斗的一生,光荣的一生,他是家乡人民的骄傲!(据迁西县政协文史资料《他乡迁西人》)

张进

张进(1938~2002年),女,原名张淑贤,洒河桥镇车道峪村人,中共党员。北京核工程设计院高级工程师,是国家自主培养的核工程研究设计女专家。1963年毕业于西安交通大学工程物理系核反应堆工程专业,分配到武汉锅炉厂任技术员。1966年调到武汉热工机械研究所任技术员,1970年调到北京二机部第二研究所设计院任技术员、工程师,1989~2002年任核工业北京工程设计院高级工程师。曾担任组长、课题负责人。

张进大学毕业后,一直从事国家核反应堆工程研究设计工作。20世纪60年代初,参与热工机械研究所和二机部801工程有关的机械施工图设计工作。调入北京第二研究设计院后,先后承担了827—1、827—3装卸料机的延路系统和回收系统设计,801、821工程远控液压检修车辆研究设计,小型移动式辐照站、啤酒压力容器及非烧结制砖机等项目。还从事了放射性同位素运输容器和废物容器和一些专门工具的研究设计工作。其中，"801型远控液压检修车"、"CY—5型强钴源运输容器"、"铱—192倒源容器"、"非烧结制砖机"等通过部级鉴定。"801型远控液压检修车"为国内首创，并达到国际先进水平，1979年获国防科委科研二等奖。远程液压检修车的研制成功，从根本上改善了检修工人的劳动条件和强度。同时，由于远距离检修，可减少射线对检修工人的辐射危害，避免了因误操作而引起的危及人身事故，还可在不停堆状态下工作，对发电实现"三不停"，具有重大经济和社会效益。"Gy—5型强钴源输容器"，达到了同类产品国际水平，对同位素强放射源在国内安全运输和国内、外广泛使用具有显著的社会效益和经济效益。该设备获1991年部级科技进步三等奖。她还独立承担了双级缸及齿条活塞缸、冲击工程头的设计。2002年12月28日，因病去世，享年64岁。

张国泽

张国泽（1941～2000年）男，洒河桥镇车道峪村人。1965年毕业于西安交通大学电物理装置专业，分配到电子工业部（原第四机械工业部）七一六厂工作，1966年调到电子工业部七五九厂设计所工作。1971年至1992年12月，任电子工业部八六0厂设计所产品负责人、室主任、副所长兼党支部书记（正处级）。大学毕业后的27年间，一直在电子工业部军工厂从事新产品开发和研究，参加并完成了国家八种六大类电子产品的开发研究设计，成为国家电子测量和仪器专业的学术带头人和专家。

自1975年8月到1985年8月，张国泽承担了国家331工程配套产品"BT--15型扫频图示仪"的关键部分电路设计工作。1980年7月，BT--15型扫频图示仪通过电子工业部鉴定，1982年3月，获电子工业部优秀科技成果奖。该产品广泛用于通信、航天、航空、雷达、电视、广播、激光等诸多领域，是国家科研、生产不可

缺少的高档电子测量仪器。该产品的研制成功，填补了国内空白，其主要工作特性达到国际领先水平。其间，他主持并参与对 BT—15 型扫频图示仪三次重大改进，产品质量显著提高，平均无故障工作时间从 200 小时提高到 3000 小时。同时，向市场推出了 BT—15A、BT—15B、BT—15W 等改进型产品，先后获省、部优称号，并创造了良好的经济效益。他还先后参与了军工产品"充气电离室辐射仪"、"核爆观测仪"、"阻抗图示仪"、"SBE—7 型双踪示波器"、"QH1261 型扫频图示仪"等仪器研究开发，并参加了电子工业部的《扫频信号发生器通用技术条件、测试方法》标准的制定工作。2000 年 8 月 28 日，因病去世，享年 59 岁。

李满

李满，男，1942 年 7 月出生于迁西县洒河桥镇东营公社松岭村一个贫困的农民家庭。自小吃苦耐劳、勤奋好学。松岭农中毕业后，于 1960 年 8 月在迁西县喜峰口公社李家峪小学任教。1964 年 2 月参军入伍，1965 年 3 月因表现突出申请加入中国共产，并于次年转正。1964 年至 1968 年，在一一五师当战士期间，连续五年被评为"五好战士"。由于优异表现，于 1968 年底提干，至 1986 年 3 月，从一一五师侦察连排长一直成长为连长；1973 年 8 月任 39 军 115 师 344 团副营长、营长；1976 年 7 月任 115 师 343 团、344 团副团长；1983 年 5 月任 115 师农场场长、师司令部副参谋长。1986 年 3 月任唐山市新区区委常委、人武部部长。1992 年 11 月任唐山新区人大副主任。2002 年 5 月离岗，7 月经组织批准退休。2011 年 4 月 30 日因病去世，享年 70 岁。

1964 年参军起，在军事训练任务中由于勤学苦练，积极钻研，熟练掌握了武器装备的专业技术，操作精准，协同密切，能在较复杂的情况下完成任务，在大比武中荣获"二级技术能手称号"。

1969年在黑龙江珍宝岛自卫还击战执行战备任务时，发扬我军两不怕和艰苦奋斗的光荣传统，一是带领战士几天几夜不吃不睡，在零下三十几度的冰雪中潜伏，坚持到最后的胜利。二是在备战中，为保护国家财产，不顾冻伤带头从冰水淹没的阵地防空洞和地道中抢夺枪支弹药，身虽伤而心犹荣。三是在条件异常艰苦的战备条件下，很多战士因为卫生条件极差生疮、长虱，削弱了战斗力。他看在眼里，急在心上。为关心战士疾苦，他创造性地开展工作，就地取材，利用当地森林大树，挖木成桶，热浴去疾。解决了部队后勤卫生保障问题，并推广至整个前线。基于战斗中的种种表现，深受上下级高度评价，荣记"三等功"一次。

1977年3月至7月，在沈阳军区步兵学校军事队学习。

1979年9月至1981年2月在石家庄高级步校学习。

1979年2月、1981年、1983年2月、1984年2月在军事技能大比武、抢险救灾、建立朝中革委会，宣传政策等任务中成绩突出荣获嘉奖多次。

李满的戎马生涯，实践了我党我军的革命誓言，在艰苦卓绝条件下做到了勇于牺牲、甘于奉献。他的一生，是为党和人民事业倾心奋斗的一生。

李林山

李林山，1936年生，迁西县洒河桥镇北团汀村人，迁西师范中专毕业，1954年参加工作，任小学教师、1955年加入中国共产党，1957年抚宁县太和寨速师毕业后继续教书，1959年调任大公社党校理论教员；1961年调到迁西县委办公室工作；历县委办公室干事、副主任、主任、县委常委，1986年任县人大常委会副主任；1988年任省引滦局迁西渠道管理处处长；1997年退休。

赵瑞征

赵瑞征，男，生于1938年11月，迁西县洒河桥镇大河山村人。中共党员。毕业于河北滦师，中专学历。历任滦县文教局干事、滦县革委会干部、迁西县洒河桥镇工委干部、迁西县委宣传部副部长、迁西县移民迁建办公室主任、迁西县移民迁建办公室第一主任、政协迁西县委员会副主席。2000年5月因病去世，享年63岁。

自1980年起，赵瑞征长期从事移民工作，在任期间，大力推行"开发性移民生产"，取得显著成效。带领全县库区移民修通100多公里库区道路，实现了村村通汽车；开发荒山4万多亩，建起了110处高标准果园，栽植果树138万株；改造移民学校危房320间；兴办5家移民企业，年产值达1000万元，创造利税和社会效益800多万元。1995年8月，原冀东军分区司令员李运昌为迁西题词"开发性移民前程似锦"。

1989年，赵瑞征参加了在宜昌召开的全国水库移民工作和扶贫经验交流会，作了题为《开发库区资源、扶持发展生产是解决移民问题的根本途径》的发言，《中国水利》杂志1989年第8期予以发表。1990年4月，参加了水利部在杭州举办的水库移民领导干部培训班，以实践课介绍了迁西移民工作经验。1991年4月、6月，两次参加水库经济专业委员会研讨会，作专题发言。1992年，独立承担了国家《水库移民工作手册》"移民思想政治工作篇"的撰稿工作，此书由新华出版社出版。

1991年，迁西县移民迁建办公室被评为水利部移民工作先进单位，赵瑞征作为个人代表受到表彰。1994年，赵瑞征受聘为中国水利发电工程学会水库经济专业委员会委员，成为该委员会中唯一来自县级的委员。

顾树东

顾树东，1937 年生，迁西县洒河桥人，大专文化，中共党员，1954 年参加工作，原迁西县供销合作总社主任，高级经济师，河北省供销合作经济研究会会员，唐山市供销合作经济研究会常务理事，唐山市经济研究会会员，迁西县委研究室研究员。1954 年 –1983 年在迁西县洒河桥供销社历任资料员、副主任、主任；1984 年 –1997 年在迁西县供销合作社历任主任、党组书记、党支部书记，1997 年退休。自 20 世纪 80 年代以来，先后在省和全国报刊发表论文及调查报告 40 多篇。其中《县以上供销社要发挥联合作用》、《供销社深化改革要念好五字经》等 20 多篇论文分别获得全国、省合作经济研究会一、二、三等奖。

赵海芹

1958 年，洒河桥供销社从农村招收了一批新职工。来自喜峰口城里村的满族姑娘赵海芹，刚满 18 岁，高小毕业，被分配在棉百门市部当售货员。

她，高大匀称的身条，俊俏的脸膛，未开口说话，先露出自然的笑容。她的出现给棉百门市部带来了一股温暖的春风。男女老幼来门市部，都愿找她买东西。用老百姓的话说："从海芹手里买东西，觉得心里顺当！"

在洒河桥一带，流传着赵海芹的许多故事。有人说，赵海芹会给小孩和孤寡老人治病。其实，她并不懂医道，就是把一颗热心扑在社员的身上，用周到的服务温暖着千百人。她下乡到白塔寨，见一个小女孩头上生疮，不能上学，心急如焚，便从医药门市部买了疮膏，亲手给小女孩洗头上药，不出几天，小女孩头上的疮就好了。张大娘的儿媳离婚走了，抛下了一个不满周岁的娃娃，黑天白日地哭闹。当时物资紧缺，她找到社领导，专批了两袋奶粉和两袋栗子粉送上家门。五保户张大娘患眼疾。她听老中医说用菊花、金银花治疗有效，就到养花户讨换到这两种药，熬成药水，叫大娘连服带洗。一个月后，张大娘的眼疾真根治了。

赵海芹常背篓下乡去的几个村庄，猪、鸡不闹瘟病，果树不生虫子。其实她时刻留心各村的果树、作物生长和每家每户家畜家禽饲养情况，心里装着一本帐，把防治做在前头。一次，她下乡到大洪峪，听乡亲们说岭南几个村闹鸡瘟，便连夜骑自行车往返160华里，从遵化县城买回一千多袋鸡瘟散，回来后挨门挨户送药，还帮助家里没主要人手的给鸡灌药。她两天走了六个村，3000多只鸡保住了。山里的大娘、大嫂都说："海芹保住了咱的心尖子！"

赵海芹包过的贫困村，村村生金长银。在我国经济困难的20世纪六十年代初期，赵海芹三下贫困队，帮助群众开展副业生产。1964年，她又包了全片最贫困的滦阳乡杨家河沿村。这个村只有43户，一无山场，二少土地（每人不足三分河滩薄地）。历史上，村民靠拉船摆渡为生。赵海芹通过召开支部会、群众会，发动大家献计献策，寻找生活出路，决定先从解决群众购粮吃饭入手，组织劳力到20里外的皇太子山采集药材。她带着50多名男女社员，经过一天跋涉，傍晚个个满载而归。十几天下来，纯收入5,000多元。不仅买粮钱不愁了，还带动了其他农副业的起步。

以赵海芹为典型和原形，著名记者张振生、崔秉写出了长篇通讯《赵海芹巧搭金银桥》，女作家于雁军写出了报告文学《山花》，先后在《河北日报》和《河北文学》发表，还有人将她的事迹改编成大鼓书到处传唱。从此，赵海芹的"背篓"事迹传遍了河北大地。20世纪七十年代中期，这位"背篓女"被提拔到唐山地区任财办副主任、省供销社副主任。（顾树东　撰稿）

傅艳玲——背篓精神传承人

"文革"开始后，洒河桥供销社被划为刘邓路线的黑典型。党支部书记张绍庭被打倒，老主任张贺勤被调离。

1970年，社里来了一个工作队。

一天傍晚，工作队在滦河边的小树林里召开秘密会议。工作队的指导员说："赵海芹出身贵族，不是我们依靠的对象。尽管她做了一些工作，深受群众爱戴，但我们要从本质上看问题……"

头一个举手发言提出反对意见的，是一位十七八岁的小姑娘，她叫傅艳玲。说她是小姑娘，因她个头矮，长得又很清瘦，看上去不过十四五岁。

"我有不同看法。难道满族人都是贵族吗？那为什么土改时给赵海芹家划定贫农，分住了地主的房屋？毛主席不是讲过重在表现吗？看人的本质不看表现看什么？难道全心全意为人民服务，受群众爱戴，有罪吗？"

一连串的问号，问得这位指导员哑口无言。不久，那位指导员被调走。从此，傅艳玲紧跟赵海芹，与她一同站柜台，学本领，一同背篓下乡，到山里千家万户送方便、送温暖。因此，傅艳玲的名字，作为洒河桥供销社的第三代"背篓人"，在山村群众中迅速传开。

1972年，由于傅艳玲业绩突出，为进一步培育这棵幼苗，供销社推荐她上了大学。在河北师范学院攻读的三年时间里，她一天也没有忘记过洒河桥供销社和山里勤劳朴实的农民。每放寒暑假，家不回，亲不访，总是回来和赵海芹一起背篓下乡，看望山里的群众。

1975年，傅艳玲攻读三年文科毕业了。人事部门根据她的学业，安排她到某专科学校任教，她没同意。管人事的知道她是专员一级干部的女儿，让她自挑一个岗位。她诚恳地说："我是山里人推荐上的大学，我唯一的选择是回洒河桥供销社继续背货篓，为山里人服务！"

大学毕业，城市不站，舒适的工作不干，又回到洒河桥供销社——傅艳玲的事迹一时被传为佳话。她背起赵海芹用过的货篓，

踏着赵海芹的脚步，运用在大学里学到的知识，在"背篓路上"做出了许多可歌可泣的事迹。

1976年7月下旬，唐山地区财贸系统经验交流会在秦皇岛市召开，傅艳玲作为先进个人代表参加了大会。因大会有现场参观的内容，会议安排28日下午在丰润县结论，傅艳玲抓这个空隙，27日晚住在了唐山家里，与远在外地当兵的弟弟团聚。极不幸的是，28日清晨唐山发生了世界罕见的大地震，这颗刚刚升起的"背篓新星"陨落了。

噩耗传来，洒河桥供销社全体职工沉浸在一片悲哀中，山里老的少的男男女女，个个哭得像个泪人，纷纷跑到供销社吊唁这位早逝的姑娘。

人们怎能忘：那年春节前，大雪封山，人们无法赶集上店，是傅艳玲和老背篓李文章，把油、盐、酱、醋、茶送到山村的家家户户。

人们怎能忘：位于三十二窠堎山半山腰的大沟村，因贫困落后，30多户人家多是近亲结婚，傻子呆子占去一成，是艳玲帮助这村开办了小学，开发了编织副业，走上了脱贫之路。

洒河桥一村五保户卢长凤老大爷，大伏天，披着一件棉袄，拿着一捆烧纸来到十字路口，边烧纸边哭悼着："艳玲啊，你回来看看吧，大爷穿上你做的棉袄啦……"

傅艳玲死后一年多，洒河桥供销社接到许多来信，有的写着艳玲没有死，在××地还遇上她，有的写着昨夜梦见艳玲来我们村送货，还给我带来一本怎样饲养好家畜家禽的书。

她，永久地活在山里人心中。正如她遗留下的一篇日记中所述：巍峨的大山给了我志向，清澈的滦河水润我柔肠。货篓使我连着万家的心，我要一辈子扎根在山村。（顾树东　撰稿）

赵占起

赵占起（1947—1988），男，洒河桥镇大河山村人。1969年6月加入中国共产党，1970年6月参加工作，历任汉儿庄乡（公社）

革命委员会副主任、党委副书记，滦阳乡党委副书记，喜峰口乡党委书记等职。

赵占起恪守着一个信条：为政廉洁，克己奉公。一次，一个乡镇企业推销员找到他，想卖给铁选厂10吨钢球，并承诺每吨给他150元好处费，被他严辞回绝。1986年春节，铁门关村干部送给他5斤羊肉，结果是三送三退。这位村干部感慨地说："这样的人真少见。"

赵占起从滦阳乡党委副书记到喜峰口乡任党委书记，经手建成两个铁选厂，他一根钢筋头都没往家拿过。在滦阳乡工作时，他家庭非常困难，自己穿的大头鞋和裤子都补了多块补丁，但是乡镇企业送给他东西，他一次也没收过。乡里想从福利费中给他一些困难补助，他坚决不领，而是让给了其他同志。

他经常对乡干部说："只有自身清正，才能说服别人。"1986年他到喜峰口乡任党委书记后，发现各村乱砍滥伐严重，分析原因主要是少数干部手脚不净，很难管住别人。因此，他在乡党委会上对全体干部特别是领导干部"约法三章"：严禁从喜峰口乡买木料，严禁给亲戚朋友买木料，严禁给上级领导买木料。他把规定张贴上墙，让群众监督，自己带头执行，而且严格约束下属。有一位乡干部在喜峰口工作了三四年，临调走前在村里买了点木料。赵占起知道后，不仅批评了这位干部，而且木料没让拉走。

赵占起的病早在1988年春季就已发觉，可他由于工作繁忙没当回事，同志们多次劝他去医院检查下，他总是说："一点小病，吃点药，挺挺就过去了，工作这么忙，哪有时间去看病呢。"5月初，病情逐渐加重，每天只能吃三四两饭，但他吃不下干的就喝稀米汤，吃不下油腻的，就吃咸菜，仍坚持工作。当时，正是乡铁选厂上第二个系列的紧要关头，他早晨起来就去铁选厂，发生呕吐时就喝点水压压，疼得厉害时就吃几片安乃近顶顶。他实在坚持不住了才在机关输液，并且是上午输液下午工作，始终没有离开过工作岗位。由于他带病工作吃不进东西，到送进医院时，体重已经消瘦了10

公斤。就在住院的前几天，他才回家休了两天假，但乡里有急事又打电话让他回机关，临走时他只喝了点儿罐头水，推着自行车就出了家门，实在骑不了就推着车子蹒跚走到了机关。

7月，他被确诊为胃癌晚期。住院期间，他妹夫买了个痰盂并开了票准备回乡报销。赵占起知道后很生气，硬逼着把报销单据撕了。他女儿准备找组织要求解决药费等问题时，他说："组织对我够照顾了，我参加工作刚刚十几年，还没干多少工作，自己能够解决的就不要找组织了，一个普通老百姓生病找谁报药费？咱们有钱就花自己的。"他在生命垂危的时候，把妻子、儿女叫到身边说："我可能活不多长时间了，我活着组织上对我很照顾，我死后，对组织上不能提任何要求。"1988年10月18日，因病去世，年仅41岁。他参加工作近20年，被人们誉为"严于律己，清廉从政"的好干部。11月9日，中共迁西县委作出在全县开展向优秀共产党员赵占起学习活动的决定。

孙维佳

孙维佳，男，1962年2月出生，法学博士，精通英语和法语。曾任新华社常驻欧盟记者、《中国贸易报》总编辑、北京联合大学旅游学院副院长、北京奥组委新闻宣传部副部长、媒体运行部部长（正局级）、北京2008年奥运会新闻运行官、北京市旅游发展委员会副主任（正局级）、中华人民共和国外交部新闻司副司长（正局级）。现任国务院参事室国际交流合作司司长、国际奥委会新闻委员会委员。

李宗存

李宗存，男，汉族，1956年2月出生，迁西县洒河桥镇大洪峪村人。中共党员，本科学历，专业技术六级。现任中国人民解放军八一电影制片厂技术装备部干部。

1974年参军入伍，曾任北京军区66军196师587团1营1机连战士，期间，参加了1976年唐山大地震的抢险救灾。1976年11月调到八一电影制片厂工作，经过组织培训，分配到技术部洗印车间，承担印片工作。1992年由于技术工作需要，调到技术装备部的摄影整备车间担任摄影设备管理工作。期间，于1995年考上北京师范大学，两年后获得大专学历。2002年报考中央党校法律专业，两年后获得本科学历。

工作期间，参与拍摄了多部在部队乃至全国有影响力的大片，包括《三大战役》、《冲出亚马逊》、《太行山上》、《八月一日》、《惊心动魄》、《惊天动地》、《惊涛骇浪》、《抗美援朝》、《歼十出击》、《飞天》等。参与了党和国家多项重大活动的拍摄工作，如新中国成立50、60周年国庆阅兵和天安门广场庆祝活动的拍摄工作，2008年奥运会及军事教育片《军人道德组歌》《强军之路》的拍摄工作等。多次串兵种、进院校、走进部队的科技园等，在完成影片拍摄外，空闲时间还传授技术，培养新人。

几十年来的军旅生涯，获得众多荣誉。其中，在连队期间，多次受到嘉奖，获得标兵、优秀射手等称号；在八一厂拍摄工作期间，由于工作突出贡献，多次受到厂里嘉奖、通报嘉奖。

勾景秀

勾景秀，男，1967年8月出生，迁西县洒河桥镇洒河桥二村人。中共党员，大学文化，教授，硕士生导师。现任石家庄信息工程职业学院管理系副主任。

1987年7月毕业于河北财经学院工业经济系，随后任教于石家庄财贸干部学校、石家庄财经学校、石家庄信息工程职业学院，先后任管理教研室副主任、人力资源管理教研室副主任、主任。2008年4月任管理系副主任。

2004年荣立市财政系统三等功。2010、2011年获嘉奖。先后在《财会研究》、《价值工程》、《中小企业管理与科技》、《经济论坛》等杂志发表《民营中小企业生产管理问题探析》、《民营中小企业绩效管理特点分析》、《漫谈压力管理》等多篇论文。主持河北省社科联、河北教育科研所立项课题《民营中小企业管理存在的问题与对策研究》、《以专业课程多维整合为基础的职业教育教学改革》等。主编、参编了《企业模拟经营实战ERP沙盘教程》《绩效管理实务》等教材。

刘从新

刘从新男，汉族，1968年2月出生，迁西县洒河镇大关庄村人。中共党员，研究生学历。现任河北省旅游局规划发展处副处长。

1991年于张家口农业专科学校毕业后参加工作，历任新乐市农业技术推广中心技术员、技术站站长，正莫镇副镇长，长寿街道办党委副书记、农开办副主任、财政局副局长、旅游局局长。2011年3月调入河北省旅游局工作。

白金来

白金来,男,汉族,1969 年 6 月出生,迁西县洒河桥镇赵庄子人。中共党员,大专文化,中校军衔。现任 15 军第 43 师炮兵团副团长。

1987 年 10 月应征入伍。历任 15 军第 43 师炮兵团火箭炮营三连战士,15 军第 43 师炮兵团副团长。1989 年 8 月,在平息北京暴乱时,担任空军司令部警卫营班长;1990 年 3 月,担任 15 军第 43 师炮兵团火箭炮营排长;1996 年 2 月,担任 15 军第 43 师炮兵团火箭炮营的跳伞教员;1997 年 3 月,担任 15 军第 43 师炮兵团火箭炮营连长;2001 年 3 月,担任 15 军第 43 师炮兵团火箭炮营营长;2003 年 3 月,担任 15 军第 43 师炮兵团司令部副参谋长;2006 年 3 月至今,担任 15 军第 43 师炮兵团副团长。

1995 年 2 月,被空军授予"学雷锋标兵荣誉称号",其事迹在中央电视台《新闻联播》分上下两集报道;在其部队生涯中,荣立二等功 1 次,三等功 7 次,先后参加大型军事演习 20 余次,1989 年参加平息北京暴乱,1998 年参加南方抗洪,2008 年参加汶川抗震,均有出色表现。

韦远东

韦远东,男,汉族,1962 年 4 月出生,迁西县洒河桥镇大关庄村人。中共党员,研究生学历。现任唐山市文化广播电视新闻出版局局长。

1981 年 7 月在滦南县参加工作,历任滦南县文教局干部,滦南县政府办公室综合组副组长、组长,滦南县外经贸委党委副书记、外经贸委副主任,外贸公司副经理,中共滦南县委办公室副主任兼保密局局长、机关事务管理局局长,司各庄镇党委书记。2003 年 4 月任滦南县委常委、办公室主任。2008 年 7 月任滦南县委常委、副书记。2011 年 8 月任唐山市地震局党组书记、局长。期间,

2005年9月在中央党校在职研究生班经济管理专业学习。2014年3月任唐山市文化广播电视新闻出版局局长。

业余时间爱好书法，现为河北省书法家协会会员，唐山市书法家协会理事。

张金彪

张金彪，男，1962年9月出生，迁西县洒河桥镇道马寨村人，中共党员，研究生学历。现任中共迁西县委常委、办公室主任、县直机关工委书记。

1982年9月参加工作，历任迁西县政府办公室干部，县委宣传部秘书组组长，东荒峪镇党委副书记，旧城乡党委副书记、乡长，喜峰口乡党委书记，县政府办公室副主任，县政府机关事务管理局局长，县政府办公室主任。2003年4月，任迁西县人民政府副县长。2007年6月，任中共迁西县委常委、办公室主任、县直机关工委书记。

刘永宏

刘永宏，男，汉族，1971年8月出生，迁西县洒河桥镇长河峪村人。中共党员，研究生学历。现任迁西县人民政府副县长。

1990年8月在迁西县原南观乡参加工作，历任迁西县农工部综合组副组长，迁西县纪委副科级纪检员、办公室副主任，兴城镇经联社主任、新庄子乡乡长、太平寨镇镇长，旧城乡、金厂峪镇党委书记。

期间，1994年8月在中央党校函授学院经济管理专业学习。2013年5月任中共迁西县委办公室常务副主任。2015年11月任迁西县人民政府副县长。

潘巨春

潘巨春，男，汉族，1961年7月生，本科文化，中共党员。迁西县洒河桥镇三村人，现任迁西县林业局局长。1978年1月参加工作，历任东荒峪乡武装部长；庙岭头乡副乡长、党委副书记；渔户寨乡党委副书记、乡长；栗树湾子乡党委书记；东荒峪镇党委书记；1998年4月任迁西县计生局党总支书记、局长；2010年12月任迁西县林业局局长，森林公安局政委。2015年1月起享受副县级职级待遇。

白羽

白羽，男，汉族，1963年10月20日出生，迁西县洒河桥镇一村人，河北机电学院毕业，大学本科学历，学士学位，中共党员。现任迁西县发展改革局（粮食局、物价局）党委书记、局长。1985年参加工作，历任县计委干部、县政府办公室副组长、组长、科长，县政府办副科级秘书；县委小康建设办公室副主任；1988年1月起任滦阳乡乡长、滦阳镇镇长；新庄子乡党委书记；东荒峪镇党委书记；2010年1月任县发展改革局局长；2015年1月起享受副县级职级待遇。

李志平

李志平，女，汉族，1968年3月27日出生，迁西县洒河桥镇北团汀村人。中共党员，大学文化。现任中国银行河北省分行公司与金融市场部客户关系主管兼河北钢铁集团财务公司副总经理、风险总监。

1983年11月参加工作，先后任迁西县百货公司、五金公司出纳员，迁西县人民法院书记员。1989年调入中国银行，1999年7月任中国银行迁西支行副行长。

2001年1月任中国银行唐山分行风险管理部副主任兼信贷评审委员会主任。期间，于2002年12月完成了中央党校函授学院经济管理本科专业学习。2005年始，历任中国银行唐山分行建设路支行行长、河北路支行行长、新华道支行行长，中国银行唐山分行内控部、公司业务部主任。2010年10月调入中国银行河北省分行公司与金融市场部，主管河北钢铁集团、集中能源集团股份有限公司、中国移动河北分公司、开滦集团有限公司等单位的钢铁、煤炭、移动通信、物流行业总行级重点客户关系及授信总量等工作。2012年1月派驻河北钢铁集团筹建财务公司。

1996、1997年度被评为唐山市青年岗位能手，奖励晋升一级工资。1999年任迁西支行副行长期间，信贷管理工作经验在全省推广。2008年任唐山分行内控部主任期间，主持推进的管理达标工作作为中国银行河北省分行试点全省推广。2010年4月取得了美国国际高级人力资源管理职业资格认证，获得人力资源管理师资格。2011年组织开发升级的票据托管系统获总行产品创新二等奖，同年获得中国银行总行公司金融优秀员工称号。

关真全

关真全，男，汉族，笔名乐山，自学美术。1945 年生于迁西洒河桃园村。1968—1974 年从事教育工作，曾任学校负责人、公社业教助理、团委委员等职。1975—2002 年离岗前，历任县文化馆美术干部、副馆长、馆长、书记，2000 年评聘为副研究馆员，2005 年退休。1984—2010 年任迁西县美协主席。1984—1985 年完成滦河徒步考察写生并举办画展。1999 年当选唐山市美术家协会副主席兼山水画研究会副会长，2000 年出版个人画集。在美术创作上主攻国画山水，曾得到著名画家果树郴、贾克里、李明久、钟长生、江枫等先生指导。先后参加了《河北省十人山水画联展》、《河北七青年美展》、《中国当代工笔山水画展》、《中日美术交流展》、《中国书画代表团第五次赴台交流展》、《中国书画代表团第五次赴俄交流展》、《中国书画名

关真全与航天英雄杨利伟在一起

家赴马来西亚邀请展》、《展望 2014 全国书画艺术家联谊展》、《2014
北京秋季当代书画名家邀请展》等多次展览。2000 年参加《第四
届中国山水画展》,评为"新世纪中国山水画二百家"。2001 年获《第
四届王子杯海峡两岸书画大赛》金奖,入选"新世纪中国书画四百
家"。2002 年获《全国民间工艺美术书法大展》特别金奖,并被中
国文联等单位授予"海峡两岸德艺双馨艺术家"称号。多件作品入
选《中国美术选集》、《中国当代书画名家翰墨精品集》、《当代中国
国画艺术名家集》、《当代中国画名家作品清赏》、《当代书画名家》
等多部美术典籍。关真全从事群众美术工作三十多年,始终以培养
基层美术骨干、繁荣群众美术创作为己任。他所培养和带领的迁西
山水画创作队伍多次进省、市办展,1991 年被河北省群艺馆评为
全省四个先进美术群体之一。1997 年作为省会春节文化活动之一,
由省文化厅、省农民书画研究会、省山水画研究会主办了《迁西县
山水画调展》,在省内外产生轰动效应。1999 年中央电视台拍摄的
反映迁西山水画创作活动的专题片《丹心画迁西》于 2000 年多次
在央视 1、2、4、7、10 频道播出,进一步扩大了迁西县的知名度。
他本人亦被评为县、市劳动模范、专业技术拔尖人才和省级先进群
众文化工作者。现为世界华人实力书画家协会常务理事、中国农民
书画研究会特邀理事、中央老干部文化活动中心书画艺术委员会理
事、中日美术交流协会会员、中国工艺美术家协会会员、中国长城
书画院、中国三峡画院特聘画师、马来西亚东方艺术机构签约画家、
河北美术家协会会员、唐山市美术家协会顾问、迁西县美术家协会
名誉主席。

王爱军

王爱军，1965 年 5 月 17 日出生，迁西县洒河桥镇潘家口村人，中共党员，本科学历，1981 年 12 月参加工作。1982 年至 2000 年在供销社系统工作，曾任洒河桥供销社副主任、洒河桥百货大楼总经理、迁西县物资石化公司经理、商贸城管委会副主任。2001 年至 2011 年在迁西县旅游局工作，曾任青山关旅游开发有限公司总经理、景忠山旅游公司副总经理、红运旅游开发有限公司副董事长、副总经理（县政府合资旅游开发项目，为政府方代表）、迁西县旅游局开发科科长。2012 年至 2014 年 3 月 26 日在迁西县住房和城乡规划建设局工作，曾任绿化管理站站长、公园管理站站长并主管中国板栗博物馆、迁西规划展览馆。2014 年 3 月 27 日至今任中国板栗博物馆馆长、高级注册策划师。

王爱军业余喜爱摄影艺术，现为中国摄影家协会会员、中国艺术摄影学会会员、河北省摄影家协会理事、唐山市摄影家协会副秘书长、唐山市老摄影家协会副主席、迁西摄影协会主席，高级摄影师。摄影艺术成绩突出。

1985 年开始学习摄影，摄影作品多次在杂志及报刊上发表在展览比赛中获奖；

1990 年 12 月，邀请为代表，参加中国摄影家协会在北京举办的第一届中国摄影理论研讨会议；

2004 年 12 月，摄影作品《景忠山》组照获"栗乡之秋"全国摄影大赛二等奖；

2009 年 12 月，摄影作品《长城风云》等在《中国摄影》杂志第十二期上发表；

2010 年 9 月，摄影作品《冬泳者》获第二十届河北省摄影艺术展览优秀作品奖；

2010 年 9 月，摄影作品《冬泳—勇敢者的运动》获 23 届全国摄影艺术展览记录类优秀作品奖；

2010 年 9 月，摄影作品《最后的魅力》获第十二届全国当代摄影艺术邀请赛艺术类铜奖；

2010 年 1 月，摄影作品《景忠山》在"渤海明珠魅力唐山"摄影艺术展中获优秀奖；

2010 年，荣获 2010 年度唐山市摄影家协会优秀会员奖；

2011 年 1 月，出版《迁西旅游风光》画册（全部摄影作品）；

2012 年 10 月，摄影作品《景忠山》组照获"中国·迁西"全国摄影艺术大展三等奖，《乡村文化》、《榆木岭雪景》获入选作品；

2012 年，获唐山摄影 30 年突出贡献奖；

2013 年，获河北省摄影家协会优秀会员奖；

2014 年，摄影作品《船在云上行》获第 22 届河北省摄影艺术展览铜牌奖；《长城云雾》组照，《迷．惑》组照获专题类优秀奖；《雪域羚羊》获记录类优秀奖。摄影作品《雪域羚羊》获中国摄影家网"冬的律动"主题赛一等奖。获河北省摄影家协会优秀会员奖，获唐山市摄影突出贡献奖；

2015 年，摄影作品《长城秀色》获第 17 届全国艺术摄影大赛风光类优秀奖。摄影作品《收获》获 25 届全国摄影艺术展览艺术类优秀作品奖。

赵森林

赵森林，1935 年出生，中共党员，洒河桥镇烈马峪村人。曾任烈马峪村党支部书记二十八年，曾任县十届、十一届、唐山市九届、河北省第八届人大代表，1976 年曾获全国抗震双先会先进个人、先进集体代表先进个人称号。

1972 年 3 月 28 日，赵森林正式当选为烈马峪村党支部书记，到 1998 年共干了 28 年，在多年的工作中，赵森林同志坚持为群众服务，坚决改变落后面貌的信念，宁可牺牲自己一切也要把工作干好，坚决改变烈马峪村的贫穷落后被动局面。上任后他带领村干部和广大群众打大井、高低压配电（原先高压线从村里穿过可就是因为没有资金上不了低压）为解决用电难题，他到处化缘筹钱，近到本县、远至迁安、遵化求助有关老领导，借到钱后购买电料和设备，到1972年底基本解决了生产用电，户户解决了照明用电。

1973年至1974年，正是全国号召农业学大寨的时期，他开始组织党员、干部、群众开会组建村内大型农建专业队，并亲自带领专业队开始治理主沟一条川（全程10华里），将347块梯田地治理成了比较标准的大寨田，84块在山沟里种大田（玉米、高粱）、川里学种小麦，可麦苗因长期缺水、缺肥，长出的麦苗过路人和有关专家领导都不敢看，他们下定决心，1975年修盘山渠道5华里引洒河水进村，同时号召全民大造农家肥，通过三年改良，土壤到1978年小麦亩产380多斤，夏秋两季粮食总产量达到22万斤，人均口粮480斤，从此不吃国家统筹粮，从1975年开始向国家交定购粮食一万两千斤。

从1976年又开始搬迁改路、拦沟建水库，1977年完工，建成了蓄水88亿立方米水库一座，当年全村栽种水稻120亩，从此改变全村400多人吃不上大米、白面的困难生活。

1977年至1978年在管好山林的基础上，他率领干部群众在梯地和荒山上挖沟田，修围山转大量栽植板栗树2万四千多株，1977年－1978年，全村板栗产量达到24万斤。

1979年至1984年号召全村个体和集体开发铁矿石资源，家家户户没有闲人，劳动力都从事农田、开发矿山、林果管理等，率领村民共同致富。1986年多次跑办请示批准烈马峪村建起年加工铁矿石8万至10万吨，产铁精粉4万多吨的铁选厂一座，直到1996年共十年时间里，每年向国家交利税25万余元。实现了烈马峪村经济社会的快速发展。（赵晓舟　整理）

赵振志

赵振志（1938～1999年），洒河桥镇大东峪村人，曾多次被县委、县政府授予"板栗状元"称号。

1983年生产队下放荒山，分得了混子峪阳坡一片大约15亩的荒山。因为里面有9棵松树，就向村里交了9块钱，还和村里签订了荒山使用长期不变的合同。那时他特别高兴，好像找到了人生最理想的事业。他曾说："山是自己的了，一定要干出个样儿来。如果一斤栗子可以买一斤猪肉，我就都栽栗树，即使闹饥荒了也可以当饭吃。"于是，一心扑在了这片荒山上。

要说这片荒山也确实够贫瘠的，没有一点活土，面积不小但寸草不生，这里的人管这叫砂石板子。生产队的时候附近是白薯地，切薯干子时就晒在这片砂石板子上，不仅干得快，还不沾土。但他始终心中有数，他首先搞了围山转以保持水土，然后尽量挖大树坑，增加活土。为了增加土壤厚度，他自己炒炸药，放炮扩穴。这可不是一般的放炮扩穴，有的一炮要用十多斤炸药。他说，这样做一举两得，既松了土又增加了土里的氮肥。那些年，他先后在山上植了近700棵栗树，每棵树都放过一炮。为增加果园土壤肥力和腐殖质，每年夏季还在树下深埋大量的垫脚〔绿肥〕，秋天的树叶也全部埋入。后来又体会到栗树缺了有机肥不行，就拜师父、装电磨做起了香油，香油卖钱，香油渣可以作肥料。

在板栗品种上，他把全部树苗嫁接了早熟丰产的"3113"〔迁西板栗中最优质的品种〕。栗子每年集中几天下树，能够抢先卖个好价钱。为解决打药、喷除草剂和浇树用水问题，他在山上建了两个蓄水池，这就是后来全县大力推广的"积雨水窖"。为了可以开车进山，送肥收秋，他还一镐一锹地修了一条2米宽2,000多米长的山路。

凭着科学的头脑，凭着愚公移山的精神，凭着对国家政策的信任，他让这片"不毛之地"变成了"绿色银行"。当时，由于对政策不信任，许多人家承包的荒山就那么撂着，面貌依旧，因此他家的山就像沙漠里的一块绿洲，县乡每年都会在他家栗园召开现场会。短短几年，不知接待了多少客人。省里、县里的报纸、广播、电视等媒体也经常宣传他，因此他年年被评为"板栗状元"。当领导们感动于父亲的创业精神和示范作用，征求他有什么要求时，父亲说："我什么都不要，再给我一块荒山吧！"听了他的话，县、镇、村领导当即把临近的一片荒山作为奖励划给了他。于是，这里便形成了一块面积达30亩的板栗园。

四五年后，他家每年都有2万元的板栗收入，这在当时可不是个小数目啊！人们从中看到了治理荒山的好处，原来对荒山不屑一顾的人们开始抢荒山、栽栗树。为了支持乡亲们嫁接优种板栗，他每年都会把自家的树枝剪成"接穗"，无偿地送给乡亲们。过去，一个生产队才打1万多斤栗子，现在他一家就打近万斤。由于他的带动和示范，现在全村人均达到500多斤栗子了。

他的举动带动了全村、影响了全县，切实发挥了一个共产党员的模范带头作用，无愧于"板栗状元"的光荣称号。

（选自2011年7月百花文艺出版社出版发行的迁西县文史资料第9辑《往事回眸》。撰稿人赵明珠，迁西县洒河桥镇大东峪村人，1962年4月生，1981年中专毕业并参加工作。历任喜峰口公社、滦阳乡、三屯营镇、汉儿庄乡秘书、经联社主任、副镇长等职。现于汉儿庄乡政府工作）

赵振凯

赵振凯（1946—2012），男，迁西县洒河桥镇安家峪村人。曾当选唐山市人大代表、党代表，县人大代表，县优秀人民公仆、十佳公仆、功勋党支部书记、劳动模范，享受农村退职主职干部待遇。

初中毕业后，曾做过供销社合同工、代课教师，并担任本大队共青团支委和民

兵指导员。1973年—1982年担任大队会计，1974年加入中国共产党并任支委。1982年—1984年到洒河桥镇联合社商店工作，任副经理，期间被选兼任本村民调治保主任。1984年—2003年，担任本村党支部书记。任职期间，注重发扬民主，实现群策群力，在上级还没有统一要求的情况下，较早开展村级民主评议党员工作，团结了群众，更好地发挥了全体党员的先锋带头作用。他带领全村人民借改革东风，在各级党委政府和有关单位的大力支持下，带头集资，在全县较早办起了村办铁选厂，开发矿山，并从矿业开发收益中拿出专项资金，成立林果专业队，挖围山转，栽植板栗树，实现以黑养绿，创造了较好的经济和生态效益。尊重人才和教育。对本村籍离退休老干部和在外工作的各类人才定时走访慰问，发挥他们在本村建设中的积极性，形成发展合力；带头集资，在全县较早盖起设施较为完善的村小教学楼，制定了对村小教师和本村优秀学生的奖励政策。修通村到镇的水泥路，改善了交通出行环境。在他任职期间，安家峪村经济社会实现了平稳较快发展，成为全县较早的富裕村。该村工作经验曾被《河北日报》《唐山劳动日报》登载，曾接待美、荷等多国联合记者团就妇女工作的采访，接受中央电视台民调治保工作专访。

张金林

张金林，迁西县星泰房地产开发有限公司董事长、洒河桥镇工商联合会会长。

改革开放初期，头脑灵活的张金林买大车跑起了个体运输。经过多年的辛苦打拼，赚到了人生第一桶金。九十年代初期，张金林看准了铁选行业，拿出全部资金开办了铁选厂。随着我县钢铁产业发展，铁选厂效益一直不错，张金林也很快成为了当地小有名气的企业家。

张金林富起来了，但他并没有忘记党和政府对他的支持，没有忘记生他养他的家乡，没有忘记还不够富裕的父老乡亲。2009年，他筹资1亿多元，建设了金源港湾酒店，成为了洒河桥镇地标建筑之一，解决了200余人就业问题。他投资建设的栗乡新民居工程，质量好、价格低，有力改善了群众的居住条件，得到了群众的好评。他安排十余名残疾人到自己企业工作，解决了他们生活问题，在企业遇到困难时，宁可少赚钱，甚至赔点钱，都坚持不让一个残疾人下岗。村里人有困难，他都会出钱、出车、出力，尽可能地提供帮助，却从不求回报。

"成绩越大，责任也越大"。作为一名企业家，张金林除了做大做强企业外，还热心于家乡各项事业发展。洒河镇中新建教学楼，他个人捐款100万元；洒河医院资金短缺，他出资购买小型救护车1辆。镇政府牵头成立了工商联合会，张金林担任会长。凭借诚实守信、公平公正的处事方式，赢得了政府和企业主的信任和尊重，成功化解了多起政企矛盾和矿企纠纷，在整合镇域矿产资源，优化发展环境等方面发挥了重要作用。

自从商以来，张金林始终"诚"字为先，从不拖欠国家贷款，从不拖欠工人工资，从不损害合伙人利益，用实际行动赢得了社会的认可和尊重。

刘继忠

刘继忠，男，汉族，1962年10月出生，洒河桥镇安家峪村人，大专文化，中共党员，吉开成房地产开发有限公司总经理，栗神生物公司董事长。2003年至今任安家峪村党支部书记。唐山市人大代表、党代表，迁西县人大代表、党代表。

刘继忠带领村两委班子，不断加强村内基础设施建设，改善村民居住环境。建成了甲级标准村部，兴建了滨河公园、文化广场，硬化村内道路19公里，铺设水泥管道200多米，新增绿地面积5000平米，栽火炬树500棵，为主干道安装路灯68盏，建垃圾池50个，彻底改变了村子脏、乱、差现象，使村容村貌得到极大改善。

刘继忠致富后，始终认为财富来源于社会，理应回报社会。只要有益于社会，他都慷慨解囊，无私捐助。设立教育奖学金，累计8万多元，全程资助2名贫困大学生10万多元；2001年为镇修路捐资1万元，为小学多媒体教育捐资2万元；2002年为金秋板栗节捐款1万元；2003年为修镇域主街捐资30万元，为村民垫付税金8万多元；2004年为洒河桥镇广场建设投资30万元，2004年为县建新一中捐款21万元，2004年为洒河医院建办公楼捐资2万元，2004年，为村内修路捐资18万元；2005年为镇敬老院捐资31万元；2008年为迁西县慈善协会捐资5万元，为汶川灾区捐款捐物累计达到2万多元。

在刘继忠的带领下，安家峪村先后被省委、市委评为优秀党支部，自己也获得过省、市、县授予的几十项荣誉，在2011年还被中华全国农民报协会授予"全国建设社会主义新农村优秀共产党员新闻人物"（兴村富民奖）荣誉称号，并在人民大会堂接受了颁奖。他用实际行动诠释了一名农村党支部书记的精神世界，一名共产党员的党性内涵，树立了农村党支部书记的良好形象。

李生财

李生财，1963年出生于洒河桥镇牛店子村，现任牛店子村党支部书记。

在商界，李生财是一名成功的企业家；在村里，他又是带领群众致富的领路人。自担任村党支部书记以来，其敢为人先的开拓精神、坚定实干的扎实作风、雷厉风行的办事风格，为村里解决了一件又一件难题。看到孩子们在危房里读书，自己垫付10多万元建起了新教室；为增加集体收入，多次找到矿山老板做工作，最终达成每吨矿石提成15元的协议，帮助村里迅速还清了外债；近年来，牛店子村投资上千万元，筑河堤、建公园，建设村民服务中心，硬化村内道路，整齐划一的新民居、高标准新小学都已投入使用，村容村貌发生了翻天覆地的变化。

在他的带领下，牛店子村各项工作得到了上级充分肯定，2005、2007年被县委县政府授予创百强党支部，2008年度被县委县政府授予"绿化工作先进村"、县级文明单位，2008、2010年被县委县政府授予文明生态村建设"保成果、创精品"先进村，2009、2010年县委县政府授予建设平安迁西工作先进村居，2011年县委授予先进党（总）支部，2012年县委授予创先争优活动暨基层党建县级先进基层党支部等。李生财本人获得很多荣誉，2005年被县委县政府授予县级安全生产先进工作者，2006年迁西县委优秀党务工作者，2007年被县委县政府评为县劳动模范、三强型党支部书记，2009、2010、2012年迁西县委授予十佳"一好双强"农村党支部书记，2011年全票当选为出席县新一届党代表，2012年高票当选为县人大代表。

王起忠

王起忠，男，汉族，中共党员，高中学历，1963年9月11日出生于河北省迁西县洒河桥镇马蹄峪村，现任吉利矿业有限公司总经理、唐山天成食品有限公司董事长。

2007年在洒河桥镇建立迁西县吉利矿业有限公司，2008年接手并重组唐山天成食品有限公司，其名下企业涉及铁矿开采、铁精粉加工、板栗收储、栗仁小包装、

农特产品加工等多个产业。唐山天成食品有限公司被河北省林业局评为"河北省林果产业重点龙头企业"，被唐山市政府、迁西县政府评为"农业产业化重点龙头企业"。"萬年福"商标也荣获"河北省著名商标"。

从白手起家到资产千万，王起忠深知自己的成功离不开党的政策指引，离不开乡亲们的鼎力支持。近年来，他先后安置大中专毕业生23名，农村妇女72名，下岗职工126名到自己企业工作。为了提高农民收入，2009年成立天成板栗合作社，吸收13个村，3890户社员入社，累计发放栗苗13000余株，培训板栗技术人员115名，对1800多户近1000亩板栗园进行了日本JAS有机基地认证，并以高于每吨高于市场价200元的价格收购社员板栗，被唐山市政府、迁西县政府评为"板栗示范合作社"。四川、云南发生地震后，他带头捐款51多万元。得知洒河桥镇中学需要新建校区，积极捐款40万元。每年春节，为马蹄峪村村民发放现金、米面、粮油，为汉儿庄乡贫困群众捐款捐物。近年来，王起忠和他的企业累计向社会捐款捐物200余万元，以实际行动诠释了一名农民企业家感恩社会、感恩乡亲的拳拳之心。

王起忠以自己的创业经历和无私回报社会的高尚情怀，赢得了政府的肯定和群众的好评，他本人曾被授予劳动模范、优秀共产党员等荣誉称号，连续当选县人大代表。

沈献臣

沈献臣，男，汉族，1967年4月出生，洒河桥镇洒一村人，中共党员，大专文化。

1999年与人合作兴办铁选厂，2000年从事矿山开采业。到目前为止，已创办满兴、满旺、满兆三个独立矿业有限公司，经济实力逐渐壮大，成为洒河桥镇的龙头企业，提供就业岗位315个，年缴税金

2650 万元。同时建有餐饮住宿企业 1 个，正在筹建运作 200 亩休闲生态农庄一处。

在矿业生产过程中，注重生态效益，变废为宝，将矿山进行填平复耕，共完成复耕土地 245 亩，栽植生态林 5300 棵，修建硬化道路 2 公里。主动承担洒河桥东滦河滩垫地造田工程，整个工程完成后，可以提供土地 280 亩，为未来的洒河镇城镇一体化进程，提供大量的可建设、居住、农业用地，工程总造价将达 1800 万元，完工后无偿移交社会。积极支持文明生态村建设和文化事业建设，2011 年在满旺矿业有限公司筹建中，将桃树洼自然村整体搬迁到洒河镇区，投入 3100 万元建设高标准居民小区，极大地提高了该村村民的居住质量，方便了群众的生产、生活；2014 年为安家峪村新民居建设投入 6000 万元；又为龙湾村新民居建设投入 2200 万元。

致富不忘回报社会，多年来，累计为社会教育、医疗、慈善救助等捐款 810 万元，救助贫困人员 260 人次。汶川地震一次性捐款 60 万元，并热心资助大学生多名。

先后被县镇两级政府评为"优秀共产党员"、"学科技当能手奔小康"标兵。2002 年创建小韦庄矿区党支部，并担任支部书记。2005 年至 2012 年当选迁西县人大代表，2013 年被选为唐山市人大代表。

孔小刚

孔小刚，男，汉族，1976 年 6 月生，中共党员，河北医学院毕业，本科学历，迁西县第八届政协委员、常委，洒河桥镇宏发铁选厂厂长，洒河桥镇二村村主任。

从任职的第一天起，他就为改善本村面貌，提高群众生活水平而努力着。为改善村民的居住条件，他与村"两委"成员

一起拼搏，完成了 95 套新民居建设。为减轻村集体建新民居的经济压力，孔小刚自己出资 240 万元垫付了工程款。垫付了建筑材料费 2.6 万元，完成了 800 米村路硬化。依托自己多年在外打拼的人缘，他积极跑动，从省文广新局争取资金 80 万元，建成了高标准的村中心文化广场；从县林业局争取资金 20 万元，完成了村内绿化。高标准的村部建设项目也正在跑办之中。

孔小刚积极为村民谋划致富门路，帮助村民走上富裕道路。村民张会志想创业，孔小刚帮忙联系找老师、找市场、跑手续，带他到县内最好的食用菌养殖基地实地考察学习，先后付出资金 1 万余元，帮他建起了食用菌厂一处，现在张会志的菌厂每年可收入 8—10 万元。村民张二宝想办一个养猪场，但是白手起家的他，在猪舍建完后连买种猪的钱都没有了，孔小刚得知后当即拿出 2 万元，解了燃眉之急，养猪致富的张二宝每当提起此事总是非常感激。安置了本村 30 名剩余劳动力到自己的选厂务工，除正常的工资之外，努力提高工人的福利待遇，逢年过节都会送上大大的礼包。2010年，通过自己的关系，赊来建筑机械设备、跑办各种手续，组建了洒二建筑施工队，由富有施工和管理经验的人员担任队长承揽建筑工程，解决了本村 50 余人的就业问题，让村民又多了一条致富路径。

"办好事、做公益，自己心里舒坦"。孔小刚积极开展和参加公益服务活动，捐资助学，扶危济困，为更多的人送去温暖。2004年，刚刚创业不久的孔小刚向迁西一中迁址新建项目捐款 10 万元；2008 年汶川地震，他当即向灾区捐款 5 万元；洒河桥镇中学迁址新建遇到资金困难，孔小刚毫不犹豫地捐款 10 万元；2009 年，向迁西一中考入二本以上的特困学生捐款 1 万元；2010 年，向玉树地震灾区捐款 1 万元。担任村主任期间，孔小刚每年都资助村里的困难户、低保户，每年春节都自费出资对老党员、老干部、军属等进行慰问，6 年累计达到 14 万元。

2005 年 9 月，孔小刚被迁西县委、县政府颁发"捐资助教、功业千秋"的金杯，2010 年、2011 年、2012 年连续被洒河桥镇党委、政府评为"三号配角"农村干部，2013 年 2 月被迁西县政协评为奉献社会十佳委员，2013 年 11 月被团市委评为"唐山市最美农村好青年"，2015 年被团县委评为"杰出青年"。

赵海淘

赵海淘，男，汉族，1982 年 3 月出生，迁西县洒河桥镇三村人，大专学历，现任河北友利钢铁有限公司总经理。

河北友利钢铁有限公司成立于 2002 年，注册 800 美元，是集铁矿、选厂、钢铁生产、焦化、铸造于一体的综合企业，现已成为迁西县利税大户，企业资产 2.5 亿元，员工人数共 1500 人。

公司成立以来，赵海淘以企业发展壮大为目标，积极与辽宁兴达有限公司合作，使企业发展上了新台阶。企业成立后，积极帮扶滦阳水峪外村，每年向该村提供帮扶资金 10 万元。通过在清华大学总裁班的听课学习，提高创业及企业管理本领。

2013 年，在钢铁行业形势下滑的宏观环境下，赵海淘解放思想，转变发展观念，积极寻求产业转型。投资 2000 万元，成立了北京伟沃晟禾影视文化有限公司，拍摄了电视连续剧《各个击破》，与乐视、爱奇艺、搜狐等网络合作，实现了成功上线。后又与中央电视台法制频道合作，拍摄了反腐系列剧《滑落》和《坚守》，并已顺利播出，取得了良好的收视和社会反响。目前，影视文化公司已逐步走入正轨，正在洽谈多个投资项目，将取得良好的经济效益和社会效益。

其他模范人物

李文章，洒河桥供销社工会副主席，1983年，曾获全国工会积极分子称号。

杨志，四区白塔寨村人，1952年，省生产劳模；1953年，省农牧生产模范；1962年，省农业红旗单位代表；1963年，省农业先进生产代表、省劳模。

李贺英，原东营公社松岭大队人，1964年。省劳动模范。

田立丰，洒河桥粮站警卫员，1973年，省根治海河劳模大会代表。

王淑芝，女，洒河桥供销社职工，1978年，全国财贸系统先进工作者。

李胜文，洒河桥镇松岭小学，1984年，省园丁。

张玉霞，洒河桥小学，1984年，省园丁。

李明新，洒河桥供销社，1985年，省先进工作者。

谭国强，洒河桥供销社，1985年，省先进工作者。

杨树印，洒河桥林业中学，1986年，省园丁。

洒河桥镇烈士名录

本名录依迁西县民政局保存的《河北省迁西县革命烈士英名录》（1981年12月迁西县人民政府编）复印本钞录。2011年7月23日徐贵柱钞录。

洒河桥镇烈士名录

姓名	性别	出生年月	籍贯	参加革命年月	入党团年月	牺牲年月	牺牲地点	牺牲时所在单位	牺牲时职务	安葬地点	备注
李振川	男	1927	洒河桥公社松岭大队	1947.11	党员	1960.6	天津市霸县	十一航校	大队长	沧县烈士陵园	曾用名李跃齐
李贺林	男	1925	洒河桥公社松岭大队	1945.5		1946	丰润县百草洼	冀东十一团	战士	丰润县百草洼	
李胜池	男	1924	洒河桥公社松岭大队	1940		1948.5	遵化县牛角峪	冀东宏达被服厂	战士	遵化县牛角峪	
李文华	男	1926	洒河桥公社松岭大队	1945.5		1945.8	潘家口	冀东十一团	战士	潘家口	
张永顺	男	1920	洒河桥公社松岭大队	1941		1942	滦县榛子镇	冀东十二团	战士	滦县榛子镇	
李昶庆	男	1925	洒河桥公社松岭大队	1940		1943	遵化县鲁家峪	冀东十一团	战士	遵化县鲁家峪	
张久文	男	1928	洒河桥公社松岭大队	1947.6		1949.1	天津市	四十六军	战士	天津市	
张连兴	男	1908	洒河桥公社松岭大队	1941		1943	兴隆县	冀东十二团	战士	兴隆县	
彭安治	男	1930	洒河桥公社洒河桥三大队	1947	党员	1969.9	山东省兖州	九六三九部队	副指导员	洒河桥	

姓名	性别	出生	单位					部队	职务	
沈亮	男	1922	洒河桥公社洒河桥三大队	1943		1945	西水峪	迁青平县县大队	班长	洒河桥
蔡印芳	男	1927	洒河桥公社洒河桥三大队	1948.2	党员	1952.11	朝鲜大振山	四十五军一三三师三九八团政治处	干事	朝鲜大振山
屈景祥	男	1921	洒河桥公社洒河桥一大队	1947.1	党员	1950.12	辽宁省宽甸县拉子沟	四野炮二师三十团	副排长	辽宁省宽甸县拉子沟
李明贺	男	1917	洒河桥公社白塔寨大队	1941.6		1941.12	遵化县	冀东十一团	战士	遵化县
吴子珍	男	1915	洒河桥公社白塔寨大队	1944.2		1944.6	玄武山	冀东十一团一营一连	战士	白塔寨村
李明甫	男	1920	洒河桥公社白塔寨大队	1948		1949.10	广西省	广西省公安队	班长	广西省
关立荣	男	1919	洒河桥公社大关庄大队	1944	党员	1947.9	宽城县前坡峪	青平县教育局	局长	宽城县前坡峪
关立庆	男	1928	洒河桥公社大关庄大队	1947.6		1948.10	辽宁省锦州市	四十六军一二八师四一四团二连	战士	辽宁省锦州
关元林	男	1927	洒河桥公社大关庄大队	1946	党员	1950.5	广西省来宾县	四十五军一三三师三九八团三营九连	班长	广西省来宾县

姓名	性别	出生年	籍贯	入伍时间	政治面貌	牺牲时间	牺牲地点	生前职务	生前所在部队	原籍住址	备注
吴元翠	男	1925	泗河桥公社大关庄大队	1942.2		1948	卢龙县郭店子	副连长	冀东十一军分区警备团三连	卢龙县郭店子	
李福安	男	1913	泗河桥公社大关庄大队	1941.8	党员	1948.10	辽宁省朝阳王屯	战士	四野九纵队	辽宁省朝阳王屯	
关恒远	男	1917	泗河桥公社大关庄大队	1942		1945.6	承德县	战士	冀东军分区警卫连	承德县	
任志海	男	1927	泗河桥公社大关庄大队	1946.7		1948	辽宁省锦西县金城所	战士	四十六军一三七师四一〇团	辽宁省锦西县金城所	
关恒久	男	1928	泗河桥公社大关庄大队	1945.7		1948	辽宁省新民县	战士	九纵队七十四团一营一连	辽宁省新民县	
关元明	男	1924	泗河桥公社大关庄大队	1947.10		1953	朝鲜	战士	志愿军	朝鲜	
关恒林	男	1911	泗河桥公社大关庄大队	1943		1945	杨家河沿	通讯员	迁安县四区	大关庄村	
张岳连	男	1922	泗河桥公社车道峪大队	1942		1948.10	辽宁省锦州市	战士	四野九纵队	辽宁省锦州市	
李保印	男	1923	泗河桥公社道马寨大队	1945	党员	1947	青龙县	战士	冀东十一团	青龙县	
韩凤利	男	1926	泗河桥公社道马寨大队	1947.10	1947.6入党	1951.5	朝鲜莫辉里	战士	炮二师三十团二营五连	朝鲜莫辉里	
吴作文	男	1912	泗河桥公社道马寨大队	1945.6				战士	冀东十一团		失踪

姓名	性别	出生	单位	入党时间	党员	时间	部队	职务	籍贯	失踪
程广荣	男	1916	洒河桥公社道马寨大队	1941			冀东十一团	战士		
赵齐英	男	1921	洒河桥公社洒河桥二大队	1944		1949.5	冀东军分区工厂运输队	排长	承德市	
陈宽	男	1907	洒河桥公社洒河桥二大队	1941.6		1943	冀东十二团	排长	丰润县大韩庄	
赵海英	男	1920	洒河桥公社大洪峪大队	1941		1942	冀东十二团	战士	王寺峪	
张德坤	男	1919	洒河桥公社大洪峪大队	1940.2		1940.5	冀东十二团一营	战士	易县狼牙山	
张德海	男	1920	洒河桥公社大洪峪大队	1941		1945	冀热辽军区十七团	连部文书	承德县上板城村	
张玉清	男	1919	洒河桥公社大洪峪大队	1941		1942	冀东十二团	战士	王寺峪	
张德如	男	1917	洒河桥公社大洪峪大队	1943.4		1944.12	迁遵兴县县大队	战士	遵化县苇城峪	
赵占坤	男	1923	洒河桥公社大河山大队	1940	党员	1943	冀东十二团一营	战士	丰润县岩口	
赵清哲	男	1921	洒河桥公社大河山大队	1940.6		1943.4	冀东十二团三连	战士	青龙县马青山村	
赵珍宽	男	1923	洒河桥公社大河山大队	1947.11	党员	1954	五十五军独立工兵营	指导员	广东省	

姓名	性别	出生年	住址		政治面貌		籍贯	部队	职务	籍贯	备注
赵喜春	男	1918	洒河桥公社大河山大队	1943		1947.9	丰宁县路家沟	丰宁县大队	战士	丰宁县路家沟	失踪
赵占春	男	1910	洒河桥公社大河山大队	1942.2		1943.4	卢龙县	冀东十二团	战士	卢龙县	
赵仕元	男	1912	洒河桥公社大河山大队	1942.2		1943.4	卢龙县	冀东十二团	战士	卢龙县	
赵广会	男	1909	洒河桥公社大河山大队	1938.12		1941.4	遵化县于家沟	冀东十三团	战士	遵化县于家沟	
赵树青	男	1926	洒河桥公社大河山大队	1947.6				四十五军	战士		
赵海潮	男	1916	洒河桥公社大河山大队	1939		1940.12	遵化县娘娘庙	冀东十二团一营一连	战士	遵化县娘娘庙	
赵全玉	男	1915	洒河桥公社大河山大队	1943.1		1944.5	宽城县	冀东三区队	战士	宽城县	
李成苍	男	1916	洒河桥公社大河山大队	1943		1947	迁安县南邱	冀东十二军分区警备团	班长	迁安县南邱	
李庆贺	男	1919	洒河桥公社东营大队	1938		1941.1	兴隆县茅山	冀东十三团	战士	兴隆县茅山	
王清海	男	1925	洒河桥公社长河峪大队	1948.3		1948.10	辽宁省锦州市	四野九纵队	战士	辽宁省锦州市	
孙建来	男	1939	洒河桥公社长河峪大队	1959.2	党员	1976.7	长河峪村	三九O五六部队后勤部	参谋	唐山市	

姓名	性别	出生年	住址	参加革命时间	牺牲时间	牺牲地点	部队番号	职务	失踪
张万义	男	1907	洒河桥公社河峪大队	1938			冀东军区警卫连	排长	辽宁省锦州市
赵俊珍	男	1916	洒河桥公社安家峪大队	1945.12	1948.10	辽宁省锦州市	四野九纵队	战士	
刘永发	男	1913	洒河桥公社马蹄峪大队	1939	1941	天津市宝坻县	冀东十二团	连部文书	
李印劳	男	1929	洒河桥公社大东峪大队	1947.7	1948.7	抚宁县小营	冀东军区警备团六连	战士	
胡玉明	男	1927	洒河桥公社牛店子大队	1947.6	1950.4	湖南省长沙市沙市八区白薯山	四十六军一二八师四一四团三营九连	班长	
宫云丰	男	1923	洒河桥公社牛店子大队	1941	1943	遵化县鲁家峪	冀东十一团	战士	
牛俊丰	男	1923	洒河桥公社牛店子大队		1942.1	遵化县城	辽西县牛店子村报国队	队长	
牛立存	男	1914	洒河桥公社牛店子大队	1947.10	1950	广西省	四十五军一三三师三九九团	战士	
李生鸿	男	1925	洒河桥公社牛店子大队	1948.1	1952.6	朝鲜	四十五军一三三师三九九团侦察连	侦察员	
王振忠	男	1924	洒河桥公社牛店子大队	1940	1941	天津市蓟县盘山	冀东十二团	战士	

姓名	性别	出生年	单位	入伍时间	党员	牺牲时间	籍贯	部队	职务	安葬地
张炳义	男	1927	洒河桥公社赵庄子大队	1943		1945.5	遵化县辛庄子	冀东军分区警卫连	战士	遵化县辛庄子
张炳忠	男	1918	洒河桥公社赵庄子大队	1943	党员	1944.3	大韦庄	迁遵兴县四区武装部	干事	大韦庄
贾凤文	男	1915	洒河桥公社赵庄子大队	1947		1951	朝鲜	四十军一一八师三五四团三营九连	战士	朝鲜
杨立国	男	1925	洒河桥公社赵庄子大队	1947.6		1948.1	辽宁省	四野九纵队	战士	辽宁省
邓联国	男	1944	洒河桥公社赵庄子大队	1968.3	党员	1970.7	北京市	六一二部队	战士	北京市良乡公社烈士公墓
赵长坡	男	1923	洒河桥公社赵庄子大队			1940	潘家口	赵庄子村	民兵	赵庄子村
贾凤同	男	1925	洒河桥公社赵庄子大队	1947		1951	朝鲜柳洞	四十军一一八师三五四团三营九连	饮事员	朝鲜柳洞

十、文学艺术

山水画《潘家口水库风光》（关真全）

送著作郎崔融等从梁王东征¹

陈子昂

金天方肃杀²，白露始专征³。
王师⁴非好战，之子⁵慎佳兵。
海气侵南部，边风扫北平⁶。
莫卖卢龙塞⁷，归邀麟阁⁸名。

作者简介：

陈子昂（661—702），字伯玉，梓州射洪（今四川省射洪县）人。
他在武则天初当政时，上《大周受命颂》，得武则天重视，授以官职。初任麟台正字，后迁右拾遗。屡次上书言事，言多且直，不怕触忤权贵。万岁通天元年（696年），子昂随武攸宜北征契丹，他要求分兵五万为前驱，一再进言，为武攸宜所憎恶，受到降职处分。圣历元年（698年），子昂辞官回乡。武三思嘱令县令段简诬陷他，下狱死。有《陈拾遗集》，其文学创作和主张在唐代亦极有影响。

注释：

1.《送著作郎崔融等从梁王东征》：选自明万历《永平府志》。著作郎：官名，三国时魏明帝置，属中书省，专管编纂国史。唐代专管著作局，也属中书省。崔融：字安成，唐济州全节人。擢八科高第，补官门丞，崇文馆学士。武宗时，授著作左郎，进凤阁舍人。梁王：此指武则天所封的梁王武三思。

2.“金天”句：金天，秋天，五行中的“金”主秋。肃杀，萧索的景象。

3.“白露”句：白露，季节名，代指晚秋时节。专征，指东北方的契丹侵犯营州，武三思以榆关道安抚大使屯兵于边。此行作者等人从随。

4.王师：指武三思率领的唐军。

5.之子：指崔融等人。

6.“边风”句：边风，边塞风云，此指战争。北平，北平郡，治所在卢龙。

7.“莫卖”句：语出汉田畴的故事。东汉建安十一年，曹操率大军北征乌桓。到达无终（玉田），名士田畴出为向导，领引曹军北出卢龙塞，进入乌桓地，然后东行，大胜而归。遂封田畴为乡侯，田畴不受，说到“岂可卖卢龙塞而得官禄乎？”卢龙塞，古塞名，即今河北省迁西县潘家口。古有塞道，从今蓟县东北经遵化，循滦河河谷出塞，折东趋大凌河流域，是从河北平原通向东北的一条交通要道。东北末曹操征伐乌桓，东晋时前燕慕容俊进兵中原，都经由此道。

8.麟阁：麒麟阁的省称，为图绘功臣的地方。

塞 上[1]

高 适

东出卢龙塞[2]，浩然客思孤。
亭堠[3]列万里，汉[4]兵犹备胡[5]。
边尘满北溟[6]，虏骑[7]正南驱。
转斗[8]岂长策，和亲[9]非远图。
惟惜李将军[10]，按节[11]临此都。
总戎[12]扫大漠，一战擒单于[13]。
常怀感激[14]心，愿效[15]纵横漠[16]。
倚剑欲谁语，关河空郁纡[17]。

作者简介：

高适（701—765），字达夫，渤海蓨县（今河北景县）人。早年仕途失意，后客游河西，为哥舒翰书记。安史乱后，得到唐肃宗的重用，历任淮南、西川节度使，终散骑常侍。封渤海县侯。其边塞诗能揭露军旅生活中的各种矛盾，较深刻地反映了社会现实。擅长七言歌行，风格雄浑，气势奔放。边塞诗与岑参齐名，并称"高岑"。有《高常侍集》。

注释：

1.《塞上》：选自明万历二十七年《永平府志》卷九。《塞上》，即《塞上曲》，唐新乐府辞，属《横吹曲》。此诗作于开元年间，当时诗人北游燕赵。诗中反映了诗人安定边疆的强烈愿望。

2. 卢龙塞：见前诗注。

3. 亭堠：古代瞭望敌情的土堡。

4. 汉：唐诗中多用汉指唐。

5. 胡：此指常侵犯唐朝西、北边境的少数民族。

6. 北溟：北海，即渤海。

7. 虏骑（jì）：敌人的骑兵。

8. 转斗：辗转征战。

9. 和亲：指汉族封建王朝与少数民族首领之间具有一定政治目的的联姻。始于汉高祖以宗室女嫁匈奴单于。隋、唐时曾与突厥、吐蕃等和亲。

10. 李将军：指汉代李广。曾任右北平郡太守，人称"飞将军"，匈奴不敢入侵。

11. 按节：持节。指受军命。

12. 总戎：总掌军事。

13. 单于：匈奴最高首领。

14. 感激：感动奋发。

15. 效：贡献。

16. 纵横漠：雄谋大略。漠，谋略。

17. 郁纡：此指雄关丽水繁盛纡回之势。

卢龙塞行送韦掌记[1]

钱　起

雨雪纷纷黑山[2]外，行人共指卢龙塞。
万里飞沙咽鼓鼙[3]，三军杀气凝旌旗。
陈琳书记[4]本翩翩[5]，料敌张兵[6]夺酒泉[7]。
圣主[8]好文兼好武[9]，封侯莫比汉皇年。

作者简介：

钱起（722-780），字仲文，吴兴人。唐天宝十年进士，官至尚书考功郎中，大历中为翰林学士，为"大历十才子"之一，和王维有过酬唱。有《钱考功集》。

注释：

1.《卢龙塞行送韦掌记》：选自明万历二十七年《永平府志》

卷之九。掌记：即掌书记，唐代节度使官属中掌管笺奏的官。

2. 黑山：在辽宁省西南部、大凌河上游东岸。此指塞外。

3. 鼓鼙：战鼓。

4. 陈琳书记：陈琳（？—217）汉末文学家。字孔璋，广陵（今江苏扬州）人。"建安七子"之一。初从袁绍，后归曹操，为司空谋祭，管记室。所草书檄甚多。有《饮马长城窟行》等诗。书记，掌管书牍记录的官员。

5. 翩翩：文采优美。此句以陈琳来说韦掌记。

6. 张兵：兴兵。

7. 酒泉：郡名，汉置。为当时边塞要地。在今甘肃境内。

8. 圣主：皇帝。

9. 好武：以汉事暗指唐代的穷兵黩武。

塞下曲 [1]

戎昱

北风凋白草，胡 [2] 马日骎骎 [3]。
夜后戍楼月，秋来边将心。
铁衣 [4] 霜雪重，战马岁年深。
自有卢龙塞，烟尘飞至今。

作者简介：

戎昱，唐代诗人。荆南（今湖北江陵）人。举进士不第，曾在颜真卿幕下供职。德宗时任虔州刺史，遭人陷害，谪为辰州刺史。后客居剑南、陇西。原有集，已散佚。明人集有《戎昱诗集》。

注释：

1.《塞下曲》：选自明万历二十七年《永平府志》。《塞下曲》，唐新乐府辞，属《横吹曲》。

2. 胡：中国古代对北方和西方各族的泛称。

3.骎骎（qīn）：马速行貌。

4.铁衣：铁甲。

边庭怨[1]

卢 弼

卢龙塞外草初肥[2]，燕乳平芜晓不飞。

乡国近来音信段，至今犹自着春衣。

作者简介：

卢弼，唐代诗人。一名卢汝弼，字子谐，范阳（今属北京）人。诗人卢纶之孙。昭宗景福（892—893）时进士，官祠部员外郎、知制诰。后依附李克用父子，李克用曾任节度使副使。他存诗只有8首。

注释：

1.《边庭怨》：选自明万历二十七年《永平府志》卷九。此为《和李秀才边庭四时怨》四首之二。

2.草初肥：时令已入夏季。

过卢龙塞[1]

萧近高

塞外卧铁衣，闺中泣素帏。

何时征战尽，莫复问金微[2]。

作者简介：

萧近高，字柳之。明庐陵（今江西吉水）人。万历二十三年进士。授中书舍人，擢礼科给事中，后任浙江布政使、太仆卿。

注释：

1.《过卢龙塞》：选自《永平府志》。

2.金微：山名，在内蒙古境内。汉永元年间，耿夔大破北单于金微山。唐代置金微都督府。

卢龙古塞[1]

陈　述

黄沙漠漠黑山陬，紫色风云拥上游。
金肃三关严虎豹[2]，兵屯万灶壮貔貅[3]。
狂胡岂少腥膻党[4]，上将先多俎豆[5]谋。
烽火不红山自碧，征鸿飞断楚天秋[6]。

作者简介：

陈述：明代人。籍贯和生卒年月无考。

注释：

1.《卢龙古塞》：选自《永平府志》。

2.“金肃”句：金肃，军令严肃。金，代指军令。三关，泛指卢龙塞诸关。严虎豹，使虎豹之师严整。虎豹，喻将士。

3.貔貅（píxiū）：原指一种猛兽，这里比喻勇猛的军士。

4.腥膻党：指少数民族的军队。党：私党。

5.俎豆：俎，置肉的几案；豆，盛肉的器皿。此处化用《晏子春秋·杂上》“不出樽俎之间，而折冲于千里之外”，即运筹帷幄，决胜千里。

6.楚天秋：指南方的秋天。

㵚 河[1]

李奉翰

非无舟楫济双河[2]，飞跨徒梁快若何？
万马临流嘶晓色，长桥锁雾枕苍波。
中泓沙屿涛声涌，隔岸乔松露气多。
此日雄狮来紫塞，定西③逖④听凯旋歌。

作者简介：

李奉翰，清代人，乾隆三十七年任永平知府。

注释：

1.《㵚河》：选自同治十二年《迁安县志》。

2.双河：㵚河与滦河于洒河桥村东相汇，因曰"双河"。㵚河，古称强水；滦河古称濡水。

3.定西：据同治《迁安县志》记载，作者赋此诗时，新授定西将军印，故用此称。

4.逖（tì）：远。

题洒河桥圣泉寺[1]

德楞额

寺古人烟寂，山深路更幽。
松蟠千古月，泉泻一泓秋。
不觉尘心净，还疑世外游。
偷闲聊驻足，多为白云留。

作者简介：

德楞额，籍贯和生平无考。

注释：

1.《题洒河桥圣泉寺》：选自民国二十年《迁安县志·坛庙》。圣泉寺，在洒河桥村北5里山中，东临滦河，南5里与烟囱山相望，西连群峰，流泉自山巅北注洒河。游人至此，如入"世外桃源"。

赞水库电站

韩怀诚

飞流吼泄千钧闸，半似烟云半似花。
莫道清泉无厚意，化作光明照万家。

1979年

作者简介：

韩怀诚，字虔，昌黎县人。中国书法篆刻家协会河北省分会会员，中国楹联学会河北省分会会员，唐山市作家协会会员，唐山市诗词学会理事，河北省引滦工程管理局乐亭翔云岛养殖场场长。曾任中共迁西县委常委，县"革委会"副主任，宣传部长。

暑汛观澵河入滦河 [1]

高应中

澵河清澈见鱼游，滦河浑浊泥沙稠。
两水初汇分泾渭，诗人岸边费思谋：
黄涛呼啸如狼虎，碧波无声自悠悠。
移步跟踪数箭地，却见合污一处流。
自警人生须反是，应保清白到尽头。

1976年夏

作者简介：

高应中，河北乐亭姜各庄镇人。1926年生。原为唐山师专中文系副教授。1988年离休。曾为唐山市诗词学会秘书长，中华诗词学会会员。

注释：

1. 澉河，发源于河北兴隆县獐帽子山南麓东八品沟。从龙井关入迁西县境，于洒河桥村北注入滦河。两河既汇初时，澉河水清，滦河水浑，泾渭分明，初见者，以为奇观。

寻洒河桥铁桩崖旧迹感怀[1]

高应中

迁西洒河桥濒临滦河，其东南烟墩山下，有碗粗铁桩嵌立于巨石之上。相传为后梁王彦章缆船桩。1958年"大炼钢铁"前夕，余下乡工作，曾亲往观之，铁桩尚在。1975年又至洒河桥，桩已无存。但见钢筋水泥大桥巍然架立于滦河之上。1984年又建成潘家口、大黑汀水库，滦河遂波平浪静，悠悠南流。

滦河十年九泛流，涛惊浪骇蛟龙怒。
好汉彦章渡行人，辑摧舟倾葬鱼腹。
隔岸花轿娶新娘，游子千里探病母。
顿足捶胸涕泪零，恨无双翼难飞渡。
悠悠岁月千古愁，岸边空留铁桩头。
泪洒滦滨几多年，长桥如虹现眼前。
滦水含情青山媚，行人今朝尽开颜。
车水马龙履平地，何须铁桩再系船！

1989年夏

注释：

1. 作者1989年夏赴洒河桥探望老同志，再见滦河大桥感发而作。

游潘家口水库吟

高应中

碧水蓝天飞鹜远，秋山红叶鉴湖心。
长城入涧龙潜跃[1]，巨坝拦洪虎啸吟。
流引津唐甜乳美，波输冀野稻花馨。
北来牧马[2]恣狂欢，胡汉[3]唯于旧史分。

1989 年秋

注释：

1."长城"句：潘家口水库蓄水泓深，潘家口城、喜峰口城并一段长城皆没于水中，其势如雄龙探水，潜跃深渊，蔚为奇观。

2.北来牧马：泛指长城外少数民族南来的牧马。旧时长城内外民族间有隔阂；如今当得民族政策已使长城内外诸民族团结相亲，共同生活在社会主义祖国的大家庭中，不分畛域。水库既成，共同受益，故云"北来牧马恣狂欢"。

3.胡汉：古代汉族称长城以北各民族为"胡人"。长城则为汉、胡之界隔。

潘家口水库

韩怀诚

秦时明月汉时关，濡水[1]滔滔祸多年。
狂流横卷千家泪，祷拜枉掷万贯钱。
大坝掬水截云雨，长瀑伴风化电源。
已将宏图酬壮志，鲧伯禹王[2]叹愕然。

注释：

1.濡水，滦河旧称。唐以后始作滦河。②鲧伯、禹王：传说中远古时代两个治水的神人。

潘家口水库感怀[1]

杨 远

五十里船剪浪行，万壑千峰入画屏。
苍龙跃起攀崖顶，滦水潭深隐喜峰。

1985 年

作者简介：

杨远，广东省大埔县人。1916 年生。曾任中共唐山市委书记、河北省副省长、中共河北省顾委常委，1990 年离休。

注释：

1.选自 1985 年 1 月 4 日《唐山劳动日报》"百花"第 272 期。

潘家口水库[1]

王 萍

燕山峡谷筑大坝，横贯东西钢铁闸。
长城脚下现平湖，北国绽开江南花。

1985 年

作者简介：

王萍，河北省景县人，1925 年生。曾任中共唐山市委副书记。1983 年离休。

注释：

1. 选自 1985 年 1 月 4 日《唐山劳动日报》"百花"第 272 期。原题为"诗两首",另有《分水闸》诗。今标题系编者所加。

浣溪沙¹·参观潘家口水库

汪普庆

湾转青山缀缀绵,城垣浮水²一弦连,崔嵬³画卷醉中仙。
古老地层⁴共赏识,雏生事物⁵舞蹁跹,京东一曲换新天。

1988 年 9 月 20 日

作者简介:

汪普庆,江苏人。中华诗词学会副会长。曾从事外事工作 30 多年。作家,著有电影脚本《江南水乡》。

注释:

1. 浣溪沙:词牌名。全词双调共 42 字。前段三句,三平韵。后段三句,两平韵。此词与前诗《栗乡行》并作于迁西首届金秋板栗节。
2. 城垣浮水:指潘家口城堡淹没于水下。
3. 崔嵬:指两岸之山嵯峨高峻。
4. 古老地层:迁西境内岩石较为古老。已测定南太平山岩石年龄为 36.7 亿年,经常有国内外专家前往考察。
5. 雏生事物:此指修建潘家口水库这项国家重点水利工程。

潘家口水库杂咏(二首)

薛枫椿

一

一湖秋色溢香甜,果硕鱼肥镜里看。

莽莽<u>丛</u>山情万丈,捧来碧水润心田。
　　二
秦皇毕竟是奇雄,壁垒森严¹百事功。
今日移山人造海,清流万股漫长城²。

1988 年 9 月 20 日

作者简介:

　　薛枫椿,滦南县人,1931 年生。原任《唐山劳动日报》总编辑。
为唐山市新闻工作者协会主席,主任记者。中华诗词学会会员,河
北燕赵诗词学会理事,唐山市社会科学学会副主席。现已退休。

注释:

1. 壁垒森严:指秦始皇修筑的万里长城。
2. 漫长城:指水库的水面提高,将低处的长城淹没。

沁园春·潘家口水库

经　纬

　　巍巍燕山,古塞横堤,湖现山<u>丛</u>。望巨龙饮水,昂头摆尾,喷
云吐雾,起伏长城。万马奔腾,滦河腰断,铁手英雄创奇功,披星
月,敢移山造海。伏虎降龙。

　　雄关红叶峥嵘,引多少风流振长缨。昔强秦蒙恬¹,穿杨李广²,
继光³大将,威震边城。星光燎原,长城抗战,斩灭鲸鲵恶浪平。
君不见,我神州四化,华夏振兴。

1989 年 10 月

作者简介:

　　经纬,原名周仁麟,丰润县人,1923 年生。中华诗词学会会员,
中国老年书画研究会会员,唐山市诗词学会会长,唐山市书画院名
誉院长。曾任唐山市政协副主席。已离休。

注释：

1. 蒙恬：秦时名将。曾在这一带修筑长城，抗御外敌。

2. 李广：西汉名将，以勇敢善战著称。曾驻守卢龙一带，匈奴数年不敢攻扰，人称"飞将军"。

3. 继光：指戚继光，他镇守蓟镇（在迁西县三屯营）十六年，边境太平。

潘家口水库抒怀（三首）

经　纬

一

山回路转万岫开，不尽滦河滚滚来。
十亿神州显身手，江山如画任剪裁。

二

斩断滦河造玉湖，关山北国一明珠。
人民自有回天力，敢把荒原化姑苏。

三

铁棹轻舟远岫开，潘家口上梳妆台。
燕山作屏湖为镜，皑皑天鹅铺面来。

1989 年 10 月

浣溪沙·忠愍赵炳

杜保贤

官任朝堂视重臣，贤良后代晓仁仁。援兄不惜少年身。
忠义双全传后世，德才兼并助先民。愍忠当誉慰冤魂。

作者简介：

杜保贤,女,迁西县三屯营镇彭庄村人,农民作家,河北省作家协会会员,擅长古诗词写作,著有《杜衡诗草》。

注释:

　　赵炳(1219—1278年),字彦明,迁西县大河山村人。其父亲赵宏。赵炳幼年便父母早丧,由堂兄抚养。12岁那年,兄弟二人去平州(今卢龙)谋生,途中遇到强盗,强盗要杀其兄,赵炳哭求代兄而死。强盗被兄弟义气所感动,放弃他们而去。20岁时,因是功臣之子便被朝廷视为亲信,到忽必烈即位前的潜邸侍奉忽必烈,于国于民深得人心。运使郭棕、郎中郭叔云玩弄权柄毒死赵炳于狱中,后被皇帝亲自问案为赵炳昭雪,特追赠其为中书左丞谥号"忠愍"。

浣溪沙·古渡情缘

杜保贤

一

嘉庆滩头久不来,青山为证漫成哀。一帘幽梦锁情怀。
皇冢难封乡女骨,青鬟未插凤凰钗。望穿古渡向荒台。

二

渔猎漂流帝子孤,口干借饮向滩涂。浣纱女子献清酤。
情惹皇封空寂寂,花惊鸳梦枉酥酥。空留玉骨殁荒芜。

注释:

　　相传清仁宗嘉庆皇帝从避暑山庄游猎,后来到滦河顺流而下捕鱼游玩,见河边洗衣村女美艳不凡,便向村女说是口渴,村女带嘉庆回家以粗茶清酒相待。嘉庆皇帝心生爱意,向村女承诺接她进宫封为娘娘。姑娘信守承诺,嘉庆一去未回。村女最后抑郁而亡。有村民上谏,嘉庆闻听后承诺为姑娘建陵厚葬,因故中途搁浅,只将

姑娘葬于村北荒坡。嘉庆当年泊船的地方至今还称"嘉庆滩"。

咏潘家口（二首）

杜保贤

一

久慕松亭古塞宏，今朝看罢醉心倾。
适逢旭日山坳起，又泛平湖水晕明。
锦带四围烟气袅，翠屏千嶂画舟轻。
长城横亘雄风在，早把征尘洗一泓。

二

固坝横拦濡水平，奇观胜景过蓬瀛。
云屏幻影叠千仞，关塞残垣没一泓。
晒网人家居野渡，凌空鹤侣向边城。
兴游兰径薰风软，烟笼轻舟画里行。

咏桃园秋月夜

杜保贤

暮笼空明尘迹消，桃园夜色更妖娆。
流云掩月千波媚，库水环山一镜娇。
渔火零星燃两岸，虫声鼎沸贯通宵。
习风不扰幽幽梦，唯把湖光潋滟摇。

旗鼓山

杜保贤

遥呼南北一关横，雾锁烟埋击瀑声。
两岳松风催鼓劲，三潭神韵映旗铮。
龙吟水碧烟光缈，虎啸山深气势宏。
百鸟朝林音不绝，只听日夜唱升平。

注释：

旗鼓山位于迁西县与兴隆县交界处，洒河的南北两岸。北为鼓山，南为旗山。明时曾筑龙井关、桥关将两山连起。旗山因峰似几面旌旗而名，鼓山因峰顶有巨石似鼓而得名。二山中旗山景色最幽。不仅有悬崖壁立、飞瀑鸣音，更有三道龙潭不朽的神话。第一潭水深无底，潭口周围丈余，碧水澄澄，满而不流，流而必雨，乡人以此占雨辄验。第二潭距第一潭十余步，潭口略小。第三潭相距1公里左右，在山腰峭壁下，极难攀至。

燕山深处的兵妈妈

——记"唐山百年十大女杰"吴凯素

杜保贤

童年的你
诞生在清德宗光绪五年
滦河岸边的南团汀
一座茅屋、一湾秀水
孕育了你纯净的心田
和静好的容颜

年轻的你如岸芷汀兰
淑女窈窕不乏奇缘
是谁？给你盘起了长长的发辫
没有战争的年代平安
春种秋收的生活怡然
是谁？把侵略的烽火纵燃
鬼子来了
烧杀抢掠让人民五亿不得团圆
整个中华大地骤起烽烟
擦不尽的血腥写下了一桩又一桩国难
杀戮在蔓延
来到燕山脚下，来到滦水岸边
恶魔搅破了静谧的田园
长河川的万人坑啊
有多少冤魂在舞蹈
那是永远抹不平的遗憾
有谁会忘记那一日的火光冲天
倭寇是制造这场悲剧的魔鬼
又是谁？做了导演

沉默是爆发前的无言
大刀，向鬼子们的头上砍去
一声呐喊，士气冲天
一场人民的战争崛起
誓把鬼子赶出大好河山

您来了！一双小脚走出世俗的牵绊
走在了抗日支前队伍的前面

谁能说女子不如男
坚壁清野，抗着整箱的手榴弹
沿着陡峭的山路攀援、攀援
决不能把东西留给侵略者
这是您坚强的信念
脸擦伤了、腿摔破了
殷殷鲜血染红了满山的红杜鹃

鬼子来了
您背起伤员隐蔽到山洞里
您用身子堵着洞口
那该是怎样的一个场景
一副瘦弱的脊梁
这时候竟是一堵墙
不！是一座伟岸的山

您把儿子，送上前线
去打鬼子，为了咱们的国家
您把小周机智的潜伏在河边
去营救那战场上负伤的伤员
您把军鞋，做的结实耐穿
扎破了手指，血滴在鞋子上面
谁不说如桃花般烂漫
您的家闪烁着星星之火
是党的秘密联络站
夜深了，您放哨的身影有些孤单
料峭的风撕扯着您，您从不退却
党和战士们的安危
是您瘦弱的肩上挑起的重担

战场上回来的伤员
都是您的儿女
一铺热炕，有着母亲般的体温
孩子！吃药吧，伤好了，再上前线
您用唇，试着汤药的温度
您用心，医着伤员的伤口
您用情，暖着伤员们的心田
您用手中的针线，缝着战士的征衣
您用博大的母爱，
扶持着伤员不能自理的起居
您把那舍不得吃的东西
都留给了您的抗日儿女

鬼子来了
您让儿媳和伤员扮作夫妻
谎称是发'疟疾'
您拔下头上的发簪
散落银光，如万刃齐发
您的目光，如剑锋般锐利
惊得鬼子四处逃去
其实，您不是疯子
您是燕山童姥
您用大爱缔造了一个不朽的神话
伤员们得救了，您笑了
谁不说您抹满烟灰的脸
是世上最美丽的容颜

一个又一个的伤员康复了
重新返回了前线

一个敬礼、一声妈妈是最好的报答
妈妈！我们一定多打鬼子
等胜利了，我们一定回来看您

抗战胜利了，时光苍老了您的容颜
可人们不会忘您无私的奉献
您是冀东子弟兵的母亲
您是"冀热辽拥军模范"
当冠此名啊
那一曲《兵妈妈》
已唱彻天宇唱遍燕山

跑花灯

尹淑莲

何方女子跑花灯？赛过出水美芙蓉。
疑是神龙轻摆尾，又兼乳燕巧飞升。
声声唢呐追天籁，款款舞步赶流星。
欢庆丰收歌盛世，传承历史启文明。

作者简介：

尹淑莲，女，迁西三中退休教师，喜好诗词写作，唐山市作家协会会员。

家乡的洒河

尹淑莲

源自深山进吾乡，回肠九曲壮燕梁。

河深自有鱼虾戏，林茂也承雨露光。
彪悍堪如威猛兽，温柔恰似美娇娘。
清流一脉归滦水，浩浩荡荡奔汪洋。

滦河古渡

尹淑莲

沿河两岸苦连天，生产生活难上难。
平日还能依摆渡，汛期只得断行船。
心急哪有艄公影，身险常因巨浪翻。
幸好洒河桥永驻，车来人往年复年。

打船粱

尹淑莲

时至金秋谷满仓，杨家伙计打船粱。
年丰交上合情理，手窄该着也正常。
乡里乡邻勤关照，言亲语热暖心房。
民风淳朴由来久，燕赵高风万古长。

家乡板栗

尹淑莲

南柯一梦醒来迟，舒展腰身晃四肢。
新叶才萌谷雨后，香云又绽夜初时。
刺衣作嫁羞藏面，褓褓含珠喜作诗。

一阵秋风吹号角，枚枚紫玉下高枝。

赞潘家口水库大坝[1]

周兴俊

激流恶浪从你脚下仓皇而逃，
青山绿水兴高采烈地前来报到；
横空出世的拦洪大坝呀，
你为啥有如此壮阔的斗争风貌？

因为你是钢筋水泥浇筑而成，
才能在暴吼得江河上挺身直腰？
因为你和崇山峻岭挽着臂膀，
才能如此从容地迎战万顷狂涛

不，只因为战士用自己的心血，
培育了你身上的每一个细胞，
你才岿然屹立在祖国的大地上，
成为新时代人民的骄傲。

1979 年 5 月

作者简介：

周兴俊，北京市人。1970 年毕业于南开大学外文系，分配到迁西县工作。1981 年调民政部工作。写此诗时作者在人民文学出版社工作。

注释：

1.《赞潘家口水库大坝》:选自 1979 年 5 月 12 日《唐山日报》。潘家口水库大坝，为低宽缝混凝土重力坝，最大坝高 107.5 米，坝顶高程 230.5 米，坝顶长 1039 米，最大底宽 90 米，坝体积 261.2

万立方米，水库蓄水 29 亿立方米，为全国大型水库大坝的第三位。

潘家口水库抒情怀

刘 章

来到潘家口，极目关山，
心逐春燕，游翔北国长天。
看亘古滦河，将化作汪洋一片，
想万里长城，要消失一般。

大坝横空，使千山折倒，
烽台变水岛，峻岭飞船。
波撼千里大地，胸纳万股流泉。

喜峰口外，古代的战场，
征尘将化作绿波回旋；
青山脚下公社的牛栏，
留给鱼龙做家园！

洗尽：滦河溢流，千家灾难，
父鬻子、夫卖妻的悲惨画面；
永绝：久旱不雨、地裂生烟，
人们相食，榆树剥尽的灾年……

全中国，每人这里有三方蓄水，
一年间，六亿三千八百万度发电！
多少情深？多少光热？
请君屈指细推算！

打开闸门，问渤海淡了几分？
泼出浓墨，绘冀东多少画卷？
待重来，驾小舟与诗友兴会，
杜鹃花下垂钓、山鹰飞处采莲……

1980 年

作者简介：

刘章，兴隆县上庄村人，1939 年生。诗人。曾任石家庄市文联主席，作协河北分会常务理事，河北省文联委员，河北省政协委员，中国乡土诗人协会会长，中国歌谣学会副会长。曾出版过 10 余部诗集。

注释：

1.《潘家口水库抒情》：选自《冀东文艺》1980 年第 5 期。

潘家口水库

潘秀华

滦水是一匹无羁的野马，
大坝是一具套马杆。
治滦人的一双巨手，
抹去了两岸人民的一副苦脸。
将野马驯服，
电站，就是给它备的金鞍。
坝内一片波涛汹涌，
坝外万顷稻浪滚翻。
自古滦水是一槽穷人泪，
如今滦河是一川蜜甜。

1982 年

· 237 ·

作者简介：

潘秀华，迁西县白庙子乡潘家坟村人。1952年生。曾任迁西县地方志办公室主任。编辑。曾主编《迁西县地名资料汇编》、《迁西县企业名录》、《迁安县志译注》、《迁西县地名志》、《迁西县志》等地方志书。为唐山市地方志学会理事，河北省地方志学会会员；唐山市地名学会理事，河北省地名学会会员；河北省民间文艺家协会会员。

注释：

1.《潘家口水库》:载于《国风》诗刊(承德办)1982年11月号。略有改动。

潘家口水库抒怀[1]

潘秀华

治滦人小试翻天覆地手，
不朽的杰作便耸入云天。
大坝是一把神奇的锁，
锁住千百年来的灾怨。

万里长城雄风犹在，
湖光雾霭代替了狼烟。
只见雪浪不见了滚滚的征尘，
群群游鱼如穿飞的羽箭。

汽艇犁波载满诗情，
水中雁影潜入画卷。
奔涌的滦水挤宽了古塞，
柔情的碧波抚嫩了青山。

大禹或许疏通了滦水河道，
但难筑这人民的意愿。
大坝的"一"字象横空的誓言：
敢把一生向祖国奉献。

一滴水珠能放一分光明，
二十九亿立米²有多少夺目的璀璨！
珠光宝影将从这里喷出，
为神圣的祖国增一丝笑颜。

注释：

1.《潘家口水库抒怀》：选自 1983 年 10 月 14 日《唐山劳动日报》"劳动园地"第 507 期，锡复配画。

2.十九亿立米：潘家口水库总容量为 29.3 亿立方米。

潘家口¹

潘秀华

征尘滚滚的卢龙塞在哪？
满眼是桂林风景。
昔日守关的潘将军²去往何处？
只有"将军石³"引我思古幽情。
饮马冰河再不能入梦⁴
你看，穿飞的鱼群，如梭的快艇。

爱和力都在这里汇集，
蓄满汹涌的激情。
感情的闸门一旦打开，

他们就似脱缰的快马奔腾。

让津唐人民从梦中笑醒，
去柔润津唐人民的歌声。
建设者的足迹刻在燕山，
惹得游人吟起篇篇祖国颂。

1984 年

注释：

1.《潘家口》：选自 1984 年 10 月 11 日《唐山劳动日报》"百花"第 265 期。

2. 潘将军：传说宋、辽时曾有一姓潘的将军在此关口驻守，关口因此得名。

3. 将军石：潘家口西山头上有一巨石站立，酷似穿戴盔甲守关的将军。传说为汉代的"飞将军"李广在这里多次与匈奴交战，死后便化为局势守在关塞。

4."铁马"句：宋朝诗人陆游曾写过"铁马冰河入梦来"诗句。

请到潘家口水库来 [1]

程　若

请到潘家口水库来，
这里的主人最慷慨。
请到潘家口水库来，
这里的风光最气派。
白云给你擦去汗珠，
青山为你披上彩带。
站在巍峨的大坝上，
春风拂去你心中的阴霾。

峥嵘的山峰，蜿蜒的长城，
激发你对祖国无限的情怀。

请到潘家口水库来，
这里是山中的大海。
请到潘家口水库来，
这里的鱼儿多自在。
小船为你诉说古老的年代。
沉入湖底的喜峰口，
多少故事让你留恋徘徊。
停船长城下，携手登山顶，
远望滦水的滔滔天上来。

1985 年

作者简介：
程若，基建工程兵 00619 部队引滦工程战士。
注释：
1.《请到潘家口水库来》：选自水利电力出版社 1985 年出版
的《引滦纪事》一书。

潘家口水库

刘晓滨

东出卢龙塞，浩然客思孤。
（唐高适《塞上》）

高适的诗泡进水里
高适骑不成马了
一条条游船

沿高适吟咏过的路
翻过长城——
明时长城在今天的水里

潘家口以一库碧波
洇绿了山的翅膀
裱糊着幽深的山
青幽的构思
将好奇的目光
领进缤纷的童话
长出愉悦的日子

冀东人民爱将水库
形象地比作画框
而嵌在画框里的人和景
便是他们的自豪和传奇
天津人则贪婪地用日光

捡拾满库的山光水色
溶进这温馨恬静的
激滟波光中
抽出思绪的子叶
回忆起喝下第一口用滦河水
泡出的香醇的茶
那种惬意的享受

明时长城在今天的水里
乘船一览长城内外
你从此会变成一只水鸟

再也飞不出
潘家口水库
这一片空灵流韵

1990 年 10 月 19 日

作者简介：

刘晓滨，安徽省巢湖市人，1950 年生。曾在唐山市文联工作，二级作家。1989 年由花山文艺出版社出版诗集《人面蟹》，1990 年由百花文艺出版社出版诗集《假眼》，1991 年由花山文艺出版社出版小说集《白鼬》。

潘家口水库印象 [1]

郑子森

你就是我一个
恒久的梦，横亘在
寂静群山的倒影中

当我划着小舟泛游在
你之上，就像依戏在
古老情人的怀抱中

那漫山遍野的矢车菊和红豆
点缀着你，使你的娇羞
添了几分美丽

那古长城和新生的栗树林
簇拥着你，使你的粗犷

漾溢无限豪情

白日你就象一面
巨大的明镜，纯净的连天空
都仿佛是你的映像

夜晚你则如一座
神话中的宫廷，那深不可测的
四壁，镶满小小精灵般的星星

有时甚至闹不清
是你的水蒸腾上升
成为明月的光芒

还是明月下降
染浸你的水，使你成为
光彩闪耀的蓝水晶

坐在你岸边的浅草里
身心接受你轻柔的抚弄
忽然就跃入那企望已久的化境

并且我们还看着银色鱼儿
在你的碧波上舞蹈，听那风
吹响由近及远由远及近的
牧笛声

作者简介：

郑子森，唐山市人。1960年生。现任《开滦矿区报》副刊编辑。

曾在报刊上发表诗作数十首。

注释：

1.《潘家口水库印象》：选自1991年第1期《唐山文学》。

潘家口水库垂钓 [1]

梁　波

以一种怀古的情绪垂钓
想古老的鱼的鳞片
怎样晃动于水底
想旧时的村庄破碎的瓦罐
和鸟啼
怎样穿透深深的水面
落入我的鱼篓

大坝安详安静
有迁徙的山民骑毛驴而来
他们与我一道垂钓
神态虔诚

我们都在渴望
从岁月的深处
钓起一尾大鱼

作者简介：

梁波，迁西县廖庄子村人。1958年生。原在迁西县工业局工作。

注释：

1.《潘家口水库垂钓》：选自1991年第1期《唐山文学》。

洒河，奔跑在时代的前沿

贠开芳

1

洒河，你是燕山群峰之上的赞歌
你以穿越时空的音律让大地蓬勃
洒河，你是滦水碧波之侧的舞蹈
你以优雅高贵的旋转让天宇高远

千年古渡，英雄洒河
历史涌动着一条河流的豪迈
那些闪烁着光辉的名字
是这片热土上岩石一样的记忆

曹孟德北征乌桓
铁马踢音遗落在水下长城
成为历史的简册中恢弘的交响
大将赵炳元代英豪
在故园大河山中指点河山
成为历史的记忆中精彩的传奇

总有一些记忆是大地永恒的风景
总有一些情感是天空不灭的光环
总有一些故事随着白天黑夜一起咆哮而去
总有一些呼喊随着阳光绿草融入血脉呼吸

吴凯素

这不是一个名字
这是晨曦里抖落的金线
这是岩浆一样翻滚的挚爱真情
岁月深处
你用孱弱的手臂建造呵护子弟兵的长城
华夏的书案上
你把红色的东营绣在中华大地

这就是历史上英雄的洒河
这就是大地上厚重的洒河
这就是天空下博爱的洒河
这就是，奔跑在时代前沿的洒河

2
洒河，以大河的豪迈，阔步向前
让每一寸土地绿意蓬勃，生机盎然
洒河，以时代的强音，高歌猛进
让每一个日子激情绽放，流光溢彩

"四镇战略"是前进的号角
是春风中稳健的脚步
是天空下铿锵的誓言
是洒河灵魂与理想的节奏

矿企强镇，让冷色的石头开出鲜艳的花朵
商贸富镇，让繁华的街市铺满金色的阳光
生态美镇，让绿色的张力演绎四季的风景
和谐福镇，让幸福的微笑暖透大地的心房

1 亿元柱材生产线
让钢铁焕发出迷人的光泽
8000 万元帕尔普线路器材
让目光沿着新的方向穿越未来

"五珠一链"旅游格局
让心情飘逸,人人置身画中游
3.28 亿元盛益隆万吨板栗
让饱胀的紫玉糯香把燕山迷醉

1 亿元改造农贸市场
让八方来客、四海商贾感受到
洒河海纳百川的胸怀
"四个一"工程
让洒河的美丽与优雅
延伸到每一个村落,每一条小溪

社会保障,让洒河似滦水温柔
温暖的阳光,照进每个人的心灵
文化事业,让洒河似白云飘逸
和谐的音符飘逸在每一个日子

这就是豪情万丈的洒河
这就是激情迸发的洒河
这就是与时俱进的洒河
这就是,奔跑在时代前沿的洒河

3
如今的洒河,像春天的花一样绽放

如今的洒河，像夏天的绿一样扩张
如今的洒河，像秋天的果一样香甜
如今的洒河，像冬天的雪一样飘逸

在洒河，孩子和老人的笑脸是滦河的柔波
在洒河，姑娘和小伙沉醉在栗花飘香的板栗园
在洒河，政府为民谋发展，全心全意
在洒河，党员干部走村串户，情真意切

"三个专题年"
让"服务群众"成为一面鲜艳的旗帜
"七件惠民举措"
让"为了群众"成为刻入骨头的誓言
"九项主题教育"
让"宗旨观念"成为每名党员干部坚定的步履

用真情的脚步追赶太阳
用开创的精神创造奇迹
用宽广的胸怀拥抱明天
用坚毅的信念打造未来

"尚德、实干、开放、争先"
"风清气正、充满活力、富裕祥和"
这就是今天激情的洒河
这就是现在豪迈的洒河
这就是，在"滦河时代"中奔跑在时代前沿的洒河

作者简介：
负开芳，唐山市作家协会会员，有作品《一路坚持》。

燕塞三峡潘家口

马　振

　　汽车从兴城出发,沿着宽阔的公路向西飞驰,两边的青纱帐被远远的丢在后边,约摸 40 多分钟便到了著名的潘家口水库。首先映入眼帘的是巍峨高耸的混凝土大坝。它宛若一条粗犷的巨臂,连接东西两边岩壁,截断奔腾咆哮的滦河水。站在坝顶,向西望去,发电机厂房机声欢歌,泄洪底孔喷涌出道道银白色的瀑布,迭落的水声轰然作响。极目远望,但见水势浩淼,波涌浪簇,湖水宛若一块巨大的碧玉镶嵌于燕山群峰之中,静观此景,真是"心旷神怡,宠辱皆忘"。

　　今天的潘家口水库位于滦河中下游,这条奔腾不羁的河水如今在这里驯服了。潘家口水库于 1975 年 10 月动工修建,1979 年底开始蓄水,1984 年底全部峻工。它控制滦河流域面积 3 万多平方公里,库区水面 67 平方公里,水库的修建不仅治理了水患,更重要的是极大地缓解了津、唐两座城市工业和生活用水困难,有力的支援了国家经济建设,同时又造就和凭添了高峡平湖的秀美风光,为旅游、观光、度假、消夏提供了理想的去处。

　　现在的库区本是一块富饶的土地,林木茂盛、物产丰饶。当年库区人民为修建水库将离开这祖祖辈辈赖以生存的土地时,真是依依惜别呀,但深明大义的栗乡人民忍痛割爱,相应国家号召,变卖家资,牵牛赶羊,呼妻携子,离开了世代厮守的热土,他们的巨大牺牲换来了水库的今天。

　　走下台阶,登上"喜峰号"游船,我们便向水库深处驶去。船尾划出白花花一线,玉珠碎银般飞溅开去,升腾起鲜绿的水汽,又沉入鲜绿的碧波,这碧绿清澈的湖水真让人心静澄阔。我们经过的第一个景点便是被称为古卢龙塞的潘家口。这是古代一个重要关口,也是古战场,前汉飞将军李广北击匈奴及三国时曹操远征乌桓,都曾路过这里,以后历代这里更是纵横驰骋,刀光剑影,燃起过连年战火。唐代诗人戎昱《塞下曲》:"铁衣霜雪重,战马岁年深,自有卢龙塞,烟尘飞至今"的诗句就是对这里战事的写照。昔日的古战场早已化作万顷碧波。雄伟的古长城如一条巨龙腾飞而来,一头扎入库水,将一段雄浑的民族身躯融于荡漾的湖光山色之中。又前行30多里,便到了被称为"小三峡"、"塞上石林"的地方。这里景色更加迷人。两岸翠绿的山峰挤挤捱捱奔来,有的似群马狂奔、有的似猛虎啸日、有的似峨冠绶带的将军,昂然屹立,真有"两岸青山相对出,孤帆一片日边来"之感。"塞上石林"如诗如画,这里奇峰峭丽,飞禽欢歌,风光无限,非言语所能穷尽。

红日西沉,"燕塞三峡"被我们远远的留在身后。它的俏丽多姿,在我的脑海中留下了深刻的印象。

水下长城

马 振

"不到长城非好汉"。登临长城已成为人们的向往,长城是中华民族的图腾。

中华大地上有一个大写的"人"字,一撇是长城,那一捺是运河。

万里长城,被誉为世界古代七大奇观之一。

长城宛如一条黄色的巨龙,时而盘旋于崇山峻岭,时而起伏于高峡深谷,时而横亘于平原阡陌,时而穿越于大漠戈壁,那种非凡的气势已深深印在你的脑海里,时时给你雄浑伟大的骄傲。

把长城与水融合在一起,在世上真属罕见,迁西的潘家口便有这种奇观——水下长城。

1975年,国家"八五"重点工程项目潘家口水库开始修建,1984年全面竣工,这座控制滦河流域面积3万多平方公里的水库,

库容量 29，3 亿立方米，不仅极大地缓解了津、唐两市工业和人民生活用水困难，有力地支援了国家建设，同时又造就和凭添了高峡平湖的秀美风光，成为人们旅游、观光、渡假、消夏的理想去处。

从喜峰雄关大刀园出来，沿长城旅游路西行，十几分钟便来到了昔日的喜峰口。极目远眺，但见库区里水势浩淼，波涌浪簇，宛若燕山群峰之中的一块玉碧。座座山峰挤挤捱捱，有的似群马狂奔，有的似猛虎啸日，有的似峨冠绶带的将军，这一带便是过去被称为卢龙塞的潘家口一带，它与喜峰口互为依托，都是重要的关口。从前汉的李广到后汉的曹操，以及北魏、隋、唐都曾在这里纵横驰骋，刀戈相击。明清时代更是战火不断，1933 年的长城抗战惊天地、泣鬼神。

泛舟水上，山影倒映，云水相交，水下长城墙体依稀可见。船行青山顶，鱼戏滦水深处。极目四望，两岸峰峦叠翠，长城由水中向上延伸，沿山脊蜿蜒而上。城墙形态多变，十余座敌楼逶迤相连，傲视苍穹。弃舟而上，可至敌楼高处，历史沧桑，眼前美景，令人浮想联翩。放舟西行，溯流而上，可达承德。整个景区内万顷碧波倒映长城，两岸奇景比比皆是。游人穿行"百里画廊"，可体验三峡之奇，漓江之美。

岁月流逝，斗转星移，昔日的古战场早已化作了万顷碧波。雄伟绵亘的古长城如一条巨龙腾飞而来，然后一头扎入湖水，将一段雄浑的民族身躯融于荡漾的湖光山色之中。那真是"紫塞雄关潘家口，城非路易名自留。三关堞下藏鱼蟹，点将台上泛轻舟。溪峡壑谷成平泊，叠嶂岗峦变屿丘。塞上金凤推稻浪，北国风光江南秋。"水位低时，古城露出水面。游人可以乘船到关前览胜探幽。1991 年春，中央电视台《望长城》剧组曾专程来这里拍摄水下长城奇观。如果你来潘家口，千万不要错过一睹水下长城的雄姿噢。

相约洒河

付振双

一

洒河，是洒河桥镇的简称，也是该地一条河的名字。这本是不争的事实，但住在同是栗乡而仅百里外的我，欲知晓此事，竟是那么不容易，用了几乎近二十多年。至于记住洒河本名洒河，古称强水，那更是这之后的事情了。也许，我对洒河的陌生，正如它对我的不熟悉，无声无息地存在着，可只等待某一天到来，平静即被打破，波涛会随之翻滚，晴空也会万里。

当然，遇见没有想得简单。在我不知不觉生活了好多年后，终于几次与它擦肩而过。之所以说是"擦肩而过"，是因为我错把它当成了三屯营。对于栗乡的人来说，三屯营算是经济重镇、交通要地，可谓是从遥远的过去走来，"烟尘飞到今"的壮士和勇士。所以，驱车沿着它一路狂奔后，眼前渐见高楼林立，商铺满街，一片繁荣景象，不免会认为仍是它，来上一番称赞。

直至后来，再次路过，我心生狐疑，询问了同伴。只见他不慌不忙，笑称这里为"小迁西"，是"大洒河"。顿时，我的心中竟有了些许敬意，原来在栗乡的土地上，还有着这样一处所在，它吹散三屯营的阴影，坚强地做着自己，脚下步步有力，身上几多风采。

于我，与洒河的相遇是件大事，是不可或缺的缘分，这发于一种莫名的契合感，喜爱也是油然而生。

二

漱河系滦河主要支流之一，发源于承德市兴隆县，流经深山区，从龙井关穿过长城，入迁西县境内，于洒河桥村之北入滦河。两河初汇时，澺河水清，滦河水浑，泾渭分明，颇似合污一处流，让人感受壮美景观之余，不无一些关于人生的反思。澺河能包容，终成其大，又因丧失原则，不择河流，失其本色。有得有失，同于人类，亦不比我们多许多认真。好在上游的潘家口水库建成后，它为产生电能贡献了好多力量，也算物尽其用，各尽其能，是个大贡献。

许多村落因河而生，沿河布局，有条不紊，错落有致，别具风味。在炎热的夏季里，它们带几分凉意和潮湿感，是难得的避暑好去处，纵然只是开门而立，朝河面望上几眼，也是不可多得的受享。要是赶上微雾的日子，透过薄雾，静观水波荡漾，水鸟划过来，划过去，样子很是自由自在，就更畅快了。

给我印象最深的要数北马蹄峪村了。它坐落于河西，背靠群山。河中有一小岛，在微风薄雾中若隐若现，昭示着它的存在和不凡。友人说，岛上曾有饭店，能烹制各色新鲜鱼，但美味不及美景。想之再三，点头称是，脑海中闪现了明人张岱的《西湖七月半》。那灵动的文字，闲适的心性，在眼前景致中，让我多了些共鸣，便忍不住吟起了尚记得的几句："西湖七月半，一无可看，止可看看七月半之人。"想来，那五类被看的七月半之人，该不会是我们这样的吧！

洒河水景之美，自是一绝。除此之外，水之多，也值得一说。作为栗乡重要水源地的它，是动力的源泉所在。它风姿绰约，恰似翩翩起舞的唐代歌女，随乐曲进退，伸展着身躯，挥动着水袖，奔放而洒脱，哪管别人的迷恋与反应，甚至玄宗的盛颜一笑，或是李太白的秀口华章。

三

洒河的人亦如水的响亮和爽快，但在继承了颇多优点之外，又一改精神上的矛盾，而保持初心，誓白头不负。那向上的干劲、达观的态度尤为可贵。

山和水常并称，此地水多山亦多，处处可见群山连绵，互相交错。洒河人硬是逢山开路，遇水架桥，历经几代人努力，靠真抓实干筑就坦途。且看，大道直连三屯营，去迁西县城不远，众班车不辍，人来人往未停歇；在镇上径直向北，可达汉儿庄，那是穿梭山路间，尽赏两旁栗花香的惬意；过镇上闹市，而偏东北走，踏滦河大桥，能到滦阳之域，那里峰险景秀，空气清新，如此便利交通，实不可不谓之坦途。

洒河多矿藏，以铁矿居首，近年借助交通，大力开发，为做大做强镇域经济出力不少。此乃山水之馈赠。然而，靠山吃山，靠水吃水，终非佳选，这里人深知"吃"时的感恩，故环保一再被加大重视。肥沃的田野永葆绿色，生活环境始终维持本色，这在地方发展中不应被视为畏途，而这里努力做着表率。

今日洒河之种种成绩，与人们的艰苦奋斗、实干拼搏分不开。其实，这背后的辛酸很多，尽管享受幸福生活的人们已不愿提及，但它们终究存在过，而且是那么真实地展现在面前，似宿命般不可逃避，让人备受煎熬。不过，幸好，此时它们已回归其真正价值，即见证过去，更加凸显现在。可以说，正是美好生活来之不易，且行且珍惜吧！

四

在近百里之外的我的老家，美随时可见，到处能寻，却彰显着文弱，缺少一种阳刚之气。而洒河，像一个大汉，手持铁板铜琶，高唱大江东去。洒河的美，是别样的美，摄人心魄，撼人灵魂。

踱步滦河桥上，细细展望，洒河桥古渡口连接滦河两岸，见证先民出行难，全是艰难，满含血泪，终圆畅行梦，描绘新河川；东临滦河的烟囱山，危岩耸立，树木葱郁，如矗立的巨人，静观脚下流水急；已不见踪迹的铁桩处，空留下铁桩崖，孤独地昂首向天，使人心生惆怅。

相遇是可盼的，拥抱却是短暂的。我踏在洒河的土地上，感受着亲近与温暖，又一次次让思绪飞扬，一个心愿却也在心底暗暗产生。这个心愿，关于再见，关乎重逢。我期待着那时的梦萦，回味着相约的喜悦与幸福。

相约洒河，让我们从相识走向相知；相约洒河，让我们由相知达到不忘，今生今世，一句珍重！

终于，我离开大桥，挥一挥衣袖，爬上了车，让车消失在了明媚的阳光中……

2014 年 10 月 29 日 - 30 日

作者简介：

付振双，男，1988 年 3 月生，毕业于衡水学院中文系汉语言文学专业，文学学士学位。现为唐山市路北区第 70 小学教师。在校期间和其后，先后获得衡水市首届散文大奖赛优秀奖，衡水市文学作品选拔赛征文活动佳作奖，唐山市 2011 年全民阅读活动"好书推荐乐读共享"读书有奖征文二等奖，迁西县"中国梦栗乡情"文学作品有奖征文二等奖等多项奖项。另，在《济宁日报》《唐山劳动日报》《今日栗乡》《栗花》等多家报刊发表有多篇文章。

后　记

　　盛世修文，文化软实力在经济社会发展中的作用越来越大，随着改革开放的深入，历史文化不断被人们重视，文化的力量越来越明显，一个历史人物，一次历史事件，甚至于一个文学形象都可以演变成为一个地方的精神或灵魂，而由历史文化衍生的情感链条会成为一种凝聚力。

　　洒河桥是迁西境内的大镇，其历史文化渊源久远，县内最大的河流滦河在此与洒河交汇，洒河桥号称"滦水明珠"。境内的潘家口水库、水下长城、卢龙古塞潘家口、铁桩崖以及皇陵、白塔寨、烈马峪的优美传说故事都成为了洒河桥的名片。在浩荡的历史长河中，洒河桥人物鼎盛，苍天厚土孕育了众多优秀儿女。这些文化现象和人物风范，对洒河桥民风的形成起到了重要作用，凝练了洒河桥人热情豪放、勤勉善良的性格特征。

　　经济和社会的发展，离不开文化的铺垫。建设家乡，就要了解家乡；热爱家乡，更应了解家乡。这就是我们编辑这本图书的目的。我们尽可能地全方位展示洒河桥的历史、文化、人物、风物，以其魅力推介我们世代生存的这方水土。

　　在编辑过程中，我们尽了很大努力，付出了艰辛劳动。但由于掌握历史资料不全和我们的水平有限，难免挂一漏万，存有许多遗憾，还恳请各位读者和方家批评指正。本书辑成，参考借鉴了县内外许多出版物，选用了一些作家的作品，这些在内文中都一一注明，不再赘述，一并感谢。再次感谢为本书提供资料、图片及修改意见的专家学者和艺术家们，感谢所有为本书出版付出努力的人。

编　者

2016 年 5 月